NINGUÉM DISSE QUE SERIA FÁCIL

VALERIO ARCARY

NINGUÉM DISSE QUE SERIA FÁCIL

© Boitempo, 2022

Direção-geral Ivana Jinkings
Edição e preparação Paulo Henrique Pompermaier
Coordenação de produção Livia Campos
Assistência editorial João Cândido Maia
Revisão Luiza Brandino
Diagramação Antonio Kehl
Capa Maikon Nery

Equipe de apoio Camila Nakazone, Elaine Ramos, Erica Imolene, Frank de Oliveira, Frederico Indiani, Higor Alves, Isabella Meucci, Ivam Oliveira, Kim Doria, Lígia Colares, Luciana Capelli, Marcos Duarte, Marina Valeriano, Marissol Robles, Maurício Barbosa, Pedro Davoglio, Raí Alves, Thais Rimkus, Tulio Candiotto, Uva Costriuba

---

CIP-BRASIL. CATALOGAÇÃO NA PUBLICAÇÃO
SINDICATO NACIONAL DOS EDITORES DE LIVROS, RJ

A698n

Arcary, Valerio
 Ninguém disse que seria fácil / Valerio Arcary. - 1. ed. - São Paulo : Boitempo, 2022..

 ISBN 978-65-5717-167-7

 1. Comunismo - Brasil. 2. Militância socialista. I. Título.

22-78253   CDD: 335.4
         CDU: 330.85

Gabriela Faray Ferreira Lopes - Bibliotecária - CRB-7/6643

É vedada a reprodução de qualquer
parte deste livro sem a expressa autorização da editora.

1ª edição: junho de 2022

BOITEMPO
Jinkings Editores Associados Ltda.
Rua Pereira Leite, 373
05442-000 São Paulo SP
Tel.: (11) 3875-7250 / 3875-7285
editor@boitempoeditorial.com.br
boitempoeditorial.com.br | blogdaboitempo.com.br
facebook.com/boitempo | twitter.com/editoraboitempo
youtube.com/tvboitempo | instagram.com/boitempo

SUMÁRIO

Prefácio – "Nosotros" precisamos conversar sobre a militância, por Mauro Iasi 9
Apresentação 17

A amizade 23
A confiança 28
O trabalho de base 32
O programa 35
As polêmicas 39
O maniqueísmo 43
O sofrimento 47
O sacrifício 50
A religiosidade 52
As finanças 55
O trabalho em equipe 58
A marginalidade 62
A renovação das lideranças 65
A segurança 69
O fracionalismo 72
O cancelamento ou escracho 75

A saúde mental 77
O embrutecimento 80
O anti-intelectualismo 83
A desmoralização 86
A paciência 88
Os profissionais 91
A quarentena 95
O carreirismo eleitoral 98
A direção 102
O autoconhecimento 106
O impressionismo 108
O compromisso 111
O caudilhismo 114
A solidariedade 117
Teorias da conspiração 119
O voo solo e a atuação em redes sociais 123
A individualidade 126
O envelhecimento 130
O estilo de vida 133
A parceria amorosa 136
A oratória 138
A credulidade e a paranoia 142
Análise de conjuntura 145
O oportunismo 148
Arte e método 151
O ultraesquerdismo 155

Sobre o autor 159

Prefácio
"NOSOTROS" PRECISAMOS CONVERSAR SOBRE A MILITÂNCIA

> Em geral, a questão de que o homem está estranhado do seu ser genérico quer dizer que um homem está estranhado do outro, assim como cada um deles [está estranhado] da essência humana.
>
> Karl Marx, *Manuscritos econômico-filosóficos*

Nós, militantes socialistas e revolucionários, precisamos conversar sobre muitas coisas. Precisamos entender nossa formação social, a dinâmica da luta de classes, o caráter e os limites das formas políticas e estabelecer com rigor nossas estratégias e táticas. Mas por que temos que fazer tudo isso?

Qualquer militante apressadamente responderia: para mudar o mundo, iniciar a transição socialista, impedir que os reformistas liderem para sempre. Sim, mas insistimos, por quê?

Marx, em seus manuscritos econômicos e filosóficos de 1844, afirma de maneira meio enigmática que "o comunismo é a figura necessária e o princípio enérgico do futuro próximo, mas o comunismo não é, como tal, o termo do desenvolvimento humano – a figura da sociedade humana"[1]. Primeiro porque a história humana não tem ela própria uma intencionalidade além daquela construída historicamente pelas ações dos seres humanos. Mas, principalmente, para sairmos da armadilha criada por nós: uma sociedade que nos nega, nos coisifica e nos submete ao poder das coisas.

O objetivo maior é construir uma sociabilidade capaz de nos emancipar do domínio das coisas criadas por nós, para sermos verdadeiramente humanos. Diz Marx, mais adiante no mesmo texto, que, se supormos que somos seres

---

[1] Karl Marx, *Manuscritos econômico-filosóficos* (trad. Jesus Ranieri, São Paulo, Boitempo, 2004), p. 114.

humanos e que nossa relação com o mundo é humana, então "tu só podes trocar amor por amor, confiança por confiança"[2]. Assim como alguém que deseja saborear uma obra de arte precisa se educar artisticamente, continua o autor, "se queres exercer influência sobre outros seres humanos, tu tens de ser um ser humano que atue efetivamente sobre os outros de modo estimulante e encorajador", e conclui:

> Se tu amas sem despertar amor recíproco, isto é, se teu amar, enquanto amar, não produz o amor recíproco, se mediante tua *externação de vida* (*Lebenäusserung*) como homem amante não te tornas *homem amado*, então teu amor é impotente, é uma infelicidade.[3]

Por vezes, a dureza da luta de classes e as características gerais de nossa sociedade parecem contaminar nossa militância e podem transformá-la em um ato técnico, uma mera atividade na divisão social do trabalho, que se aliena, como tudo neste mundo; um esforço degradante no seio do qual o outro é um problema, uma força estranha que nos oprime. Não podemos evitar que essa alienação se manifeste, pois não basta nossa simples vontade para suspender suas determinações, mas temos o dever, como comunistas, de estar atentos para que não sejamos sugados por ela e acabemos reproduzindo na militância as formas que queremos negar na sociedade. Somos, diversas vezes, muito rígidos, arrogantes, presunçosos e cruéis. Pregamos uma fraternidade universal para o futuro, mas nos empenhamos em uma guerra sem quartel contra tudo e todos, o que gera a sensação de que não precisamos de ninguém.

Nossa tradição comunista, que é a esperança do mundo, que escreveu páginas de heroísmos e vitórias, exemplos de abnegação e entrega, também é repleta de polêmicas duras, confrontos, expurgos e rachas, acusações e traições. Os indivíduos envolvidos na militância, por vezes, quebram, enlouquecem, desistem.

Esse é um grande problema e um sofrimento para os revolucionários. Uma vez que nossa consciência se expressa como negação da alienação, a frase de Marx que nos serve de epígrafe se apresenta invertida para nós. Como procuramos não nos alienar da vida genérica, não podemos nos alienar dos outros,

---

[2] Ibidem, p. 161.
[3] Idem.

de maneira que cada um deles e seu destino é também o nosso. Somos nós e somos simultaneamente os outros. Nossos camaradas que falam espanhol resolveram essa unidade na diversidade de maneira incrível: *nosotros*.

Talvez um dia entendamos o que gritou Maiakóvski quando, em seu poema "Nuvem de calças", afirmou que "eu para mim é pouco, algo se empenha em sair de mim como um louco", ou Atahualpa Yupanqui quando canta *"y así seguimos andando/ curtidos de soledad,/ y en nosotros nuestros muertos/ pa, que nadie quede atrás"*.

Avançamos muito a compreensão das determinações objetivas na teia do ser social que constituímos e que nos constitui, mas nem sempre damos a devida atenção ao problema da subjetividade. Por isso este livro de Valerio Arcary parece-me tão importante. Precisamos conversar sobre a militância, a sensação de isolamento que se segue a uma derrota, o fracionalismo, o embrutecimento, a saúde mental, os valores que nos guiam, os preconceitos, o anti-intelectualismo. Precisamos conversar sobre nós e os outros, os adversários e os inimigos, a classe idealizada e as pessoas reais que compõem nossa classe.

Com a mesma maestria que trata de temas relativos à revolução brasileira e às questões de nosso tempo, o autor nos oferece, por meio de textos curtos e diretos, reflexões sobre nossa militância e a dimensão subjetiva de nossa luta e de nossos camaradas. Os textos são uma enorme expressão de generosidade, de partilha da experiência, de entrega e lucidez. Conheço há muito tempo Valerio Arcary e já pude presenciar inúmeras vezes como se apresenta nos debates convicto, implacável, irônico e, em muitos casos, um pouco cruel. Muitas vezes discordamos, algumas a respeito de tópicos essenciais, mas nossas críticas nunca foram *ad hominem*, isto é, sempre procuramos dialogar sem que as críticas fossem dirigidas à pessoa, mas aos argumentos, embora nem sempre consigamos separar um e outro, porque pensamos o que falamos e, principalmente, fazemos o que pensamos.

Certa vez, em 1920, Lênin falava aos bolcheviques sobre o que considerava equivocado na compreensão dos camaradas quanto à relação entre o Estado proletário e os sindicatos, e criticou duramente um texto que Bukharin havia escrito para a discussão do tema no Comitê Central do Partido Comunista da União Soviética, afirmando: "camarada Bukharin, menos floreios verbais; será melhor para você, para a teoria e para a República". Um pouco mais adiante (trata-se da transcrição de uma fala de Lênin), o dirigente bolchevique ironiza o estilo de Bukharin, que ora se refere à democracia, ora à direção unipessoal e ora à ditadura, concluindo que "não devemos nunca renunciar à ditadura". Neste momento, Bukharin intervém e grita: "e está completamente exato". Todos, incluindo Lênin, riem e aplaudem e a reunião segue. Gosto deste episódio por dois motivos fundamentais. Primeiro que se trata de um debate acalorado entre camaradas, que contestam, discordam, atravessam comentários e riem, o que humaniza sobremaneira aquilo que poderia parecer uma árida contenta. Segundo que nos faz refletir sobre o que é em si mesmo certo ou errado, uma vez que, considerando historicamente o tema do debate, pelo menos ao meu juízo, o grande Lênin estava errado em sua defesa da gestão de um homem só contra a tese do controle operário defendida por Aleksandra Kollontai e a oposição operária.

Em 1938, Bukharin será julgado e condenado nos famigerados processos de Moscou, acusado de ser um "fascista degenerado", "direitista e trotskista", de defender a volta ao capitalismo e de ter conspirado para matar Lênin, Stálin e envenenar Maksim Górki – confissão arrancada sob tortura e ameaças à esposa e ao filho, "corrigida" pessoalmente por Stálin.

Esse exemplo extremo da eliminação física dos oponentes sob o stalinismo nos faz refletir até que ponto pode ir a disputa entre camaradas, se são aceitáveis a desqualificação, a mentira e a anulação. Não há luta verdadeiramente revolucionária sem adesão a valores revolucionários, que não podem ser mercadorias de ocasião ou trajes para dias festivos, mas o pão e o vinho cotidianos daqueles que almejam ser e construir um ser humano emancipado.

Costumo terminar minhas falas com um poema; já Valerio gosta de terminá-las com uma anedota. Uma vez contou que um militante se encontrava à beira do abismo com duas pessoas à sua frente. Um era seu antigo companheiro da organização em que militava e com a qual rompeu; o outro, seu principal inimigo de classe. Indagado sobre quem empurraria primeiro, o militante responde sem pestanejar: o inimigo de classe, porque primeiro vem a obrigação, depois o prazer. Creio que seja contra essa dura verdade que Valerio escreve suas reflexões sobre a militância.

Os textos sobre a militância, agora reunidos em livro, são como mensagens lançadas ao mar em garrafas. Como tal, podem ser lidas mesmo por aqueles para quem não foram escritas originalmente. Interessam aos militantes de nossa classe, esses seres maravilhosos, imperfeitos e complexos, que se entregam à tarefa de mudar o mundo e lutam, amam, sofrem, brigam, erram, piram e transpiram no calor da luta de classes. Interessam a todos nós... Os outros.

> *Por más que quise bendecirme*
> *y más purificarme,*
> *yo era carne,*
> *yo era yo.*
>
> *Lo que con amor hacía una mano*
> *lo rompía con otra el desamor.*
> *Yo no creo que haya sido en vano,*
> *pero pudo ser mucho mejor.*
>
> *Hacia el porvenir partieron sombras.*
> *Cuando no alcance, sólo podré alertar.*
> *Si alguien me oye allí, no se olvide pues*
> *de iluminar*
>
> Silvio Rodriguez

Mauro Luis Iasi
Ilhabela, setembro de 2020

Para Suely Corvacho, porque não teria
sido possível chegar até aqui sem o teu amor

APRESENTAÇÃO

Este livro foi sendo escrito aos poucos, ao longo dos últimos anos. Estamos em uma situação defensiva desde 2016. Uma situação defensiva se abre quando se acumulam derrotas dos trabalhadores e do povo oprimido que deslocam a relação social de forças. A eleição de Bolsonaro em 2018 deixou claro que a situação tinha evoluído de forma tão desfavorável que o cenário já era reacionário. Derrotas nos deixam mais reflexivos.

Mas, assim que a primeira nota sobre a relação entre militância e amizade foi publicada, percebi que havia a possibilidade de um projeto. A recepção daquele texto me surpreendeu. Ativistas de diferentes correntes da esquerda brasileira se interessaram pelo artigo. Descobri que existia uma demanda de reflexão específica sobre o tema da militância socialista.

Embora tenha opiniões políticas muito definidas depois de 45 anos na estrada, as questões foram abordadas com distanciamento das minhas preferências programáticas. O objetivo era ser útil, desconsiderando as filiações políticas de cada militante. Ao longo destas páginas, o leitor encontrará a problematização da experiência de militância por ângulos muito variados, e no entanto, acredito que o fio condutor emerge com clareza. A militância socialista não é um compromisso indolor, mas traz imensas recompensas. Portanto, o resumo é simples: a luta vale a pena.

Não teria sentido, entretanto, manter oculta a história do autor, assim como não é um bom critério julgar alguém pelo que pensa de si próprio. Estamos sempre entre aquilo que fomos e aquilo que seremos e, dificilmente, podemos ter uma visão de como nos transformamos. Não podemos ser bons juízes de nós mesmos.

Eis a apresentação sumária de uma trajetória, um balanço resumido. Tenho 64 anos e quase 50 de militância. Fui professor de história por mais de 30 anos. Trabalhei no Instituto Federal de São Paulo entre 1988 e 2014. Nasci no Rio de Janeiro, estudei em Portugal e na França, e voltei sozinho para o Brasil para viver em São Paulo. Gosto de pensar que sou carioca, paulista, mas também lisboeta. Aprendi idiomas, como francês, espanhol e inglês, muito jovem, quando é mais fácil.

Sou estrábico operado, cardíaco clínico, corredor motivado, motociclista prudente, cozinheiro ousado, aquarista dedicado, palmeirense distraído, professor aposentado, escritor disciplinado, trotskista militante e, irremediavelmente, ateu cético.

Cheguei ao que poderíamos chamar de vida "consciente" na primeira metade dos anos 1970: cinco anos depois de 1968, mas antes da ascensão de Reagan e Thatcher; depois dos Beatles, mas antes dos punks; depois das calças boca de sino e antes dos paletós com ombreiras gigantes; em tempo de ver Pelé brilhar na Copa do México de 1970 e antes de Maradona; quinze anos depois da pílula e dez anos antes da epidemia de aids. Se tivesse ficado no Brasil, teria Médici pela frente, mas estava em Portugal: o 25 de Abril incendiou a primavera dos meus dezessete anos. Descobri o marxismo aos quinze anos, tinha iniciado na militância estudantil um ano antes, e aprendi que a revolução é possível. Em resumo: tudo considerado, tive sorte.

Nasci em uma família de funcionários públicos de escolaridade média. Nem meus pais nem os pais deles frequentaram faculdade. Sou o único de minha família que completou uma educação superior. Sou bisneto de um oficial do Exército maranhense e de um agricultor italiano, e neto de dois comerciantes, um catarinense e o outro mineiro. Sou Montarroyos e Braga Leite por parte de mãe, Pereira e Arcary por parte de pai, mas levo comigo somente o nome de Arcary.

Filho de pai e mãe culturalmente cariocas, aprendi a viver a intensidade da vida nos prazeres mais simples. Fui educado em Lisboa em um ambiente semiafrancesado nos valores, portanto afetado, e semianglófilo nos costumes, portanto pomposo. Sei que não escapei incólume. Nunca perdi, apesar de doze anos fora do país na adolescência, minha identidade brasileira.

Meus pais ocupavam cargos de confiança no governo João Goulart. Em 1966, dois anos depois de 1964 – sem muita escolha a não ser Brasília ou o trabalho no exterior –, minha mãe, oficial de chancelaria no Itamaraty, o baixo clero da diplomacia, partiu com os dois filhos para Lisboa. Meu pai tentou a vida no exterior, não se adaptou, voltou e foi preso pelo regime militar em 1969, acusado de falsificação de dólares.

Estudei em Portugal e na França entre os 9 e os 21 anos. Nesse período, fiz o último ano do primário, todos os meus estudos secundários e os primeiros anos de faculdade. À exceção do primário e da parte final da graduação, quando voltei ao Brasil em 1978, sempre frequentei instituições públicas. Fui aluno secundário no Liceu Pedro Nunes, um dos mais tradicionais de Lisboa, entre 1967 e 1971. Fiz o ensino médio no Liceu D. Pedro V, um dos mais novos, entre 1971 e 1974. Nesse ano, prestei o *baccalauréat*, o exame final do ensino secundário no Consulado Francês de Lisboa, e fui estudar sociologia na Universidade de Paris. Em 1975 voltei para Lisboa, onde estudei história até 1978, quando finalmente vim para São Paulo.

Fiz meu ensino superior em três países e em quatro universidades entre 1974 e 2000: Paris X – Nanterre, Clássica de Lisboa, Pontifícia Universidade Católica de São Paulo (PUC-SP) e Universidade de São Paulo (USP). Voltei sozinho ao país em que nasci por uma escolha consciente. Sabia que o impulso revolucionário em Portugal tinha se esgotado, mas apostei que no Brasil havia uma revolução por fazer contra a ditadura. Queria ser um revolucionário profissional. Tinha 21 anos e queria participar de uma das "esquinas perigosas" que percebia estar amadurecendo. Mantive esse compromisso nos últimos 42 anos.

Minha mãe só retornou depois da aposentadoria por limite de idade, em 1989. Meu irmão só voltou quarenta anos depois. Nunca duvidei nem me arrependi desta escolha. Pertenço a duas culturas, unidas pela mesma língua, porém paradoxalmente tão próximas e tão distantes. A vida me fez filho das duas, e nunca pensei em renunciar a uma delas.

Quando cheguei ao Brasil, a USP não aceitou minha transferência da Universidade de Lisboa, embora a matrícula fosse um direito garantido aos filhos do corpo diplomático educados no exterior. Interrompi os estudos entre 1978 e 1983, me uni à Convergência Socialista e fui militar, trabalhar no ensino privado e viver em Osasco, onde atuei na greve metalúrgica. Entre meados de 1979 e 1983, dediquei-me inteiramente à construção da organização, integrei sua direção cotidiana e participei na formação do Partido dos

Trabalhadores (PT). Estive presente no Congresso de reconstrução da União Nacional dos Estudantes (UNE) em Salvador, nos congressos de Piracicaba em 1980 e 1981, colaborei na formação da chapa Novação e fui candidato pela chapa Mobilização Estudantil nas eleições diretas. Em 1982, fui para o Rio de Janeiro por um ano e meio.

Durante seis anos, entre 1983 e 1989, enquanto completava a graduação e a licenciatura, fui professor de história na Zona Norte da capital de São Paulo, no Jaçanã, em uma escola do Jardim Brasil. Militei sindicalmente no Sindicato dos Professores do Ensino Oficial do Estado de São Paulo (Apeoesp), estive presente nos Congressos Nacionais da Central Única dos Trabalhadores (CUT) em São Bernardo, no Rio de Janeiro e em Belo Horizonte. Fui secretário-geral da direção executiva da CUT regional São Paulo entre 1985 e 1986.

Em 1988, já formado, prestei concurso público para a Escola Técnica Federal de São Paulo. Fui professor substituto na unidade de Cubatão durante o segundo semestre de 1988 e convocado para assumir o cargo efetivo em 1989. Na Federal, ensinei história por doze anos no antigo ensino médio integrado. Entre 2001 e 2014, também ministrei disciplinas de história em quatro cursos superiores do IFSP.

Defendi o doutorado na USP em 2000. Meu foco de interesse na história contemporânea foram as revoluções do século XX. Dividi minha tese de doutorado, para efeito de publicação, em três partes. Saíram em três livros: *As esquinas perigosas da História: situações revolucionárias em perspectiva marxista*; *O encontro da revolução com a história: socialismo como projeto na tradição marxista*; e *O martelo da história: ensaios sobre a urgência da revolução contemporânea*. Em 2011 publiquei o livro *Um reformismo quase sem reformas*, de ensaios histórico-políticos.

Colaborei com capítulos em outros trinta livros organizados por colegas. Publiquei umas cinco dezenas de artigos em revistas especializadas e mais uns dez prefácios em livros de colegas. Alguns de meus foram publicados em revistas de língua espanhola, francesa, alemã e inglesa, na Argentina, nos Estados Unidos, na França e na Suíça, além de Portugal. Mas a maior parte do meu trabalho foi a colaboração com centenas de artigos apolíticos. Mantive uma intensa intervenção no blog *Convergência*, que ajudei a impulsionar entre 2012 e 2016.

Fui professor por pouco mais de trinta anos. Entretanto, acredito que somos mais complexos que nosso trabalho. Temos uma história profissional, mas também somos o caminho humano das escolhas éticas que fazemos em todos os terrenos, o que inclui o social e o político. Somos, seja qual for o ângulo de análise, seres morais. Temos nossos orgulhos e arrependimentos.

Ainda muito jovem, me uni à causa do socialismo. Essa escolha ideológica e, em correspondência, o compromisso militante, não foi incomum entre os da minha geração, por muitas e variadas razões. Ela definiu minha vida, e isso não é dizer pouco. Embora de extração social relativamente privilegiada para o que era o Brasil dos anos 1950 – vindo da classe média assalariada com ensino médio, uma escolaridade elevada naqueles tempos –, filho de funcionários públicos de uma burocracia que se profissionalizava, em um país que crescia e se urbanizava, minha vida foi atropelada na madrugada de um longínquo 25 de Abril, em Lisboa, nos idos de 1974.

Nasceu, então, uma fé de que o improvável era possível. Como tantos outros, e após tantos outros, os anos me levaram a inocência, mas não a esperança. O tempo e a experiência são implacáveis. Nem as ilusões que preferiríamos não perder permanecem intactas. Mas, se este compromisso assumiu formas diferenciadas, nunca diminuiu. Até hoje, aquela promessa, uma aposta suspensa no tempo, permanece viva, ainda que a espera seja longa.

Cheguei ao marxismo na resistência à ditadura de Marcello Caetano em Portugal e, sendo estrangeiro, me senti irresistivelmente atraído pelo internacionalismo. Associei-me aos "troskos", uma das tendências mais críticas, com forte influência política de exilados argentinos. A paixão do marxismo de juventude foi sendo polida ou corrigida, sob muitas e variadas influências, porém permaneceu. Essas escolhas levaram-me a ter um papel nas lutas, na construção e na direção de diferentes organizações sindicais e políticas, como a Convergência Socialista (1978-1994), a CUT (1984-1986), o PT (1987-1992), o Partido Socialista dos Trabalhadores Unificado (PSTU) (1992-2016) e, desde então, a Resistência Socialista e o Partido Socialismo e Liberdade (PSOL). Militei nos últimos 45 anos sob a mesma bandeira: o internacionalismo marxista. Em função da perseguição política, fui anistiado pelo Ministério da Justiça em 2013.

Toda vida é melhor compreendida utilizando como critério de periodização a ênfase nos momentos de ruptura, de descontinuidade: quando estamos diante de perigos e oportunidades. Interagimos permanentemente com os outros e não somos imunes à força de pressão do mundo. Somos filhos do tempo em que vivemos. Essas condições estão quase sempre tão amalgamadas que o esforço de descobrir o fio de umas e de outras será sempre uma obra de ourivesaria subjetiva.

São tais momentos de crise, e a forma como os superamos que, em grande medida, explicam as pessoas que nos tornamos. Resumindo e, como em qualquer resumo, sendo brutal: toda vida possui suas mudanças de rumo decisivas, os grandes divisores de águas que podem decorrer de decisões voluntárias ou de circunstâncias que nos escapam, impostas pela força dos acontecimentos.

Tenho uma filha, Sofia Ludemann, hoje com 29 anos. Nunca me casei, nem diante da Igreja nem diante do Estado. Mantenho uma união estável há vinte anos com Suely Corvacho, que me ajudou muito além de qualquer coisa que possa ser dita.

Por último, ter chegado até aqui só foi possível graças à colaboração direta de muitas pessoas. Não me fiz sozinho. Me parece inconcebível silenciar sobre as dívidas que a vida me deixou. Tudo o que fiz foi produto de um ambiente e de um tempo. Reencontrei-me comigo mesmo, por diversas vezes, ao me descobrir nos olhos dos que estavam ao meu lado. Acreditaram em mim até quando eu duvidei. Essas e esses, que não temem a aventura de descobrir sempre uma nova esperança, dispensarão a citação, porque já sabem.

A AMIZADE

Nem todos os amigos são camaradas, nem todos os adversários são inimigos

> Entretanto, não duvido, apesar de tudo, de que a minha morte hoje seja mais útil que a prolongação de minha vida. Caro Liev Davidovitch, estamos ligados por dez anos de trabalho comum e, ouso esperá-lo, de amizade pessoal, e isso me dá direito de lhe dizer no momento do adeus o que em você me parece ser uma fraqueza. Nunca duvidei da justeza do caminho traçado por você, que sabe que durante mais de vinte anos marchei com você, desde a "revolução permanente". Mas sempre pensei que faltavam a inflexibilidade, a intransigência de Lênin, sua resolução de ficar, sendo preciso, sozinho no caminho que reconheceu como certo, na previsão da maioria futura, no reconhecimento futuro, por parte de todos, da exatidão desse caminho. Você sempre teve razão politicamente, a começar por 1905, e muitas vezes lhe contei ter ouvido, com os meus próprios ouvidos, Lênin reconhecer que em 1905 não fora ele mas você que tivera razão. Defronte da morte não se mente e o repito, agora, de novo...
>
> Bilhete suicida de Adolf Joffe a Trótski

Reduzido por uma polinevrite à invalidez quase completa, impossibilitado de tomar parte ativa nas lutas políticas de então, Joffe não viu outro meio de ainda servir à causa da revolução do que se matar. Deu à sua morte, assim, uma significação precisa de protesto contra a exclusão de Trótski do partido e o regime de perseguição pessoal, adotado pela direção na sua campanha contra a oposição. A carta de despedida foi encontrada sobre sua mesa logo após sua morte. Não chegou, porém, às mãos de seu destinatário. Seu funeral em Moscou, no dia 19 de novembro, teve um caráter comovedor. Apesar de realizado na hora de trabalho, compareceram milhares e milhares de operários, camaradas do partido e delegações do Exército Vermelho. Foi a última vez que a oposição de esquerda saiu às ruas.

Antes de escrever este texto, procurei inspiração nas linhas de Adolph Joffe para Leon Trótski. Trata-se de uma carta política dirigida a um amigo. Eles tinham sido camaradas e amigos por décadas. A intimidade e o afeto atravessam toda a carta. Diante da morte, Joffe decide alertar Trótski para o que considerava serem os seus defeitos. Os russos sempre me emocionaram porque são intensos.

Em meio aos engajados na militância, há muita confusão entre o que são as relações de amizade e as relações de camaradagem. Essa confusão gera muitas desilusões quando as diferenças políticas levam à perda das relações de amizade, que são um vínculo emocional poderoso. Lidar com perdas é sempre uma experiência dolorosa. É comum que as decepções pessoais com camaradas se transformem em desalento ideológico no futuro da luta pelo socialismo. E o desânimo, a desesperança, o desengano são maus conselheiros, porque obscurecem a mente e diminuem a lucidez.

Tentar definir a amizade sempre foi difícil. Em uma época em que confiar nos outros é percebido como credulidade ingênua, é importante lembrar que uma vida sem amizade é muito triste. A solidão parece ser uma epidemia no mundo contemporâneo. Ela é sempre mencionada como um dos fatores de depressão. A desconfiança generalizada – contra tudo e todos – só pode alimentar, evidentemente, vidas solitárias.

Não há nenhuma dúvida de que somos seres sociais. Nossos ancestrais resistiram a todas as adversidades porque foram capazes de se unir em bandos relativamente numerosos – dificilmente com mais de 150 membros – para garantir a sobrevivência. "Seres sociais" quer dizer que dependemos uns dos outros, da ajuda e da solidariedade mútua, portanto da cooperação. Somos aptos a viver em sociedade não porque não existam conflitos, mas porque a busca de auxílio, socorro ou assistência conviveu na história com a avidez, a rivalidade, a cobiça, a inveja e a soberba, e prevaleceu.

Precisamos de amigos para ter uma vida mais plena e menos solitária. Amizade é uma relação afetiva, em princípio não erotizada, entre pessoas que se conhecem e estabelecem laços de lealdade, logo, de confiança. Todos podemos ter dezenas, ou até mesmo centenas, de conhecidos com quem mantemos relações polidas ou cordiais: pessoas com quem nossas vidas se cruzaram, mas com as quais não estabelecemos laços emocionais. Ninguém, contudo, alimenta amizades nessa escala, porque não é possível. Porque a amizade exige dedicação, lealdade e pressupõe altruísmo, ou seja, a disposição generosa de agir em benefício dos outros, e não em função apenas do próprio interesse.

Lealdade entre amigos não pode repousar somente em acordos políticos. Ela se constrói alicerçada na confiança pessoal, que vai além das ideias políticas. Como as diferenças de opinião são inevitáveis, cultivar amizades exige disposição para a tolerância. Ninguém gosta de ser contrariado. Podemos ficar desgostosos ou até aborrecidos quando discordam de nossas opiniões. Mas romper amizades por diferenças de opinião é uma tolice infantil. Estar disposto a acolher ideias diferentes revela maturidade para aceitar graus de dissenso com que podemos conviver.

O que são camaradas? São aqueles que, na tradição socialista, pertencem à mesma organização e compartilham uma visão de mundo comum, o igualitarismo, ou lutam pela igualdade social. A visão do mundo socialista se fundamenta, antes de tudo, no reconhecimento de que todos os seres humanos têm necessidades em comum, sentidas intensamente como iguais. Ser socialista significa uma ruptura ideológica com o capitalismo, uma adesão ao movimento dos trabalhadores e dos oprimidos, uma aposta no projeto de luta pela revolução e uma aspiração internacionalista por um mundo sem dominação imperialista. Nas sociedades em que vivemos, ser socialista exige, portanto, uma escolha de classe. Não importa a classe social na qual nascemos. O que importa é a classe com a qual unimos nosso destino.

Acontece que nem todos os nossos amigos são camaradas, e nem todos os camaradas são amigos. Porque amigos podem ter visões de mundo diferentes. Amizades não devem ter como condição, necessariamente, uma mesma visão de mundo. Por outro lado, e, talvez mais importante, podemos ser camaradas de militantes que não conhecemos tão bem. Só é possível conhecer todos os membros em pequenas organizações, núcleos de pouco mais do que cem militantes. Se a amizade pessoal for um critério de pertencimento, uma organização revolucionária estará condenada à estagnação ou a rupturas recorrentes.

Mas as tarefas da revolução brasileira e mundial exigem que nos coloquemos o desafio de construir grandes organizações. Seria irrealista exigir de ativistas que defendem o mesmo programa, mas não se conhecem o bastante, um grau de confiança pessoal, um afeto intransferível semelhante ao daqueles que convivem com regularidade. Portanto, confiança em um projeto não é o mesmo que lealdade pessoal aos membros da mesma organização. A confiança pessoal é diferente da confiança política. A primeira se constrói como intimidade pessoal. A segunda como a defesa de um programa comum. Quando somos, além de camaradas, amigos de alguém, estabelece-se um vínculo muito forte. Mas é perigoso não saber distinguir a diferença dos dois laços. Porque a perda da confiança política não deve, necessariamente, contaminar a relação pessoal.

O que são adversários? São aqueles contra os quais lutamos em uma disputa. Não é possível viver sem ter adversários. Porque a vida é uma sequência de lutas. Mas os conflitos têm diferentes naturezas e graus de importância. Saber ponderar, calibrar, medir, avaliar a gravidade das diferenças, das polêmicas, dos debates e das rivalidades é indispensável. Porque nem todos os adversários são inimigos. Depende de qual é a natureza do conflito. Adversários podem ou não se tornar desafetos, ou seja, a disputa de ideias pode degenerar em antagonismo pessoal. Mas nem todos os nossos adversários são nossos inimigos.

O que são inimigos? São os adversários que enfrentamos em lutas incontornáveis, porque correspondem a interesses de classe irreconciliáveis. As hostilidades com os inimigos são inevitáveis, pois eles são nocivos aos interesses da classe que representamos.

Na história da esquerda ocorrem rachas, separações e divisões em função de distintas percepções da situação política que, por sua vez, expressam diferentes pressões sociais e políticas. Diferenças sérias de projeto justificam rupturas políticas, mas não devem transformar necessariamente os antigos camaradas em inimigos.

A violência verbal, seja na forma, seja no conteúdo, é uma maneira intelectualmente desonesta de tentar ganhar um debate a qualquer preço. Acusações *ad hominem* são aquelas dirigidas às pessoas, e não às ideias que elas defendem. Por meio de ataques pessoais coloca-se o caráter do adversário em dúvida para desqualificar suas ideias. Trata-se de uma tática diversionista, porque tenta desviar o tema da polêmica. Quem recorre a esse método retórico confessa, involuntariamente, que não tem confiança em seus argumentos. Precisa destruir o outro porque não consegue refutar-lhe as ideias. A violência verbal de acusações *ad hominem* é um método inaceitável, porque diminui a importância das ideias e só serve para desmoralizar os adversários.

Na esquerda revolucionária que queremos construir no século XXI, devemos saber preservar amizades, apesar das diferenças políticas que nos separam em distintas organizações, e aprender a distinguir os adversários dos inimigos. Isso parece simples e elementar. Mas não é.

A CONFIANÇA

> Cristo está morto, Marx está morto, e eu não estou me sentindo muito bem.
> Pichação nas ruas de Paris em Maio de 1968

A história é estupidamente lenta, dizia Marx. Porque as sociedades não se transformam quando é necessário, mas somente quando não é mais possível adiar as mudanças. Nesse grau de abstração, nunca houve revoluções prematuras. Todas as revoluções vieram com atraso à luz do dia.

Depois de uma derrota como a que sofremos em 2016, a dinâmica da luta social ficou mais lenta. Acontece que a intensidade da luta política, no dia a dia, anula parcialmente a percepção da lentidão da história. Trata-se de um autoengano. Os anos podem passar, inexoravelmente, antes que chegue a hora dos combates decisivos. Não sabemos quanto tempo. Talvez não seja tão longo. Mas há momentos, como agora, depois da mais séria derrota político-social dos últimos quarenta anos, nos quais todos e qualquer um de nós sentimos cansaço, esgotamento, exaustão.

O capitalismo brasileiro está em decadência, a sociedade está ideologicamente doente, e ninguém na esquerda está honestamente se sentindo muito bem. A isso chama-se lucidez. E é prudente nos perguntarmos o sentido da militância, da entrega, da doação, da aposta. Porque, além das lutas frontais contra os inimigos de classe, surgem as lutas laterais e na retaguarda, dentro de nossas fileiras, entre companheiros. Em momentos assim, precisamos aprender a cuidar um do outro. A fraternidade é vermelha.

A questão-chave é manter o respeito quando alguém discorda de nossas ideias. Vivemos cercados pela pressão social da ideologia que defende a ordem e valoriza a competição. Os riscos que assumimos na militância são grandes em demasia. Resistir com firmeza a essas pressões é o beabá de uma educação socialista. Rivalidades pessoais entre militantes socialistas são infantis. Podemos ser melhores do que isso. Há lugar para todos na luta anticapitalista.

Não pode haver confiança onde não há respeito. Sem confiança não é possível lutarmos juntos. Não precisamos ser ingênuos. Existem, evidentemente, graus variados de confiança nas relações interpessoais, mesmo entre militantes. Mas há muita diferença entre um ambiente saudável e um doentio. Uma militância só é possível se nos protegermos coletivamente.

Todos os militantes são mais complexos que as ideias que porventura defendem. Porque as pessoas são maiores que uma ou outra ideia que abraçam. Discussões políticas podem ser apaixonadas, vigorosas, até ásperas, mas não podemos perder o apreço pelo outro. Não é aceitável ofender ninguém. É fácil machucar os outros. Para contrariar, não é preciso zoar, hostilizar, atormentar.

Nossa subjetividade é frágil e sensível. Não é razoável envenenar um coletivo porque há diferenças de opinião. Precisamos aprender a aceitar nosso limite pessoal e valorizar quem pensa diferente. Aprender a desconfiar dos limites de nosso repertório, experiência e intuição não nos reduz; ao contrário, nos engrandece.

Subestimar nossa ignorância é um caminho perigoso para a soberba. Ignorar o orgulho é um caminho explosivo para a insolência. Reconhecer um erro ou pedir desculpas não diminui ninguém. Pelo contrário: precisamos mais do que nunca de paciência, porque sem audácia não venceremos. E a audácia, sem paciência, é somente coragem sem reflexão. E a coragem sem reflexão é infantil. É preciso manter o sentido da perspectiva e, portanto, do tempo.

A questão do tempo é central para uma militância séria. Ser sério é ser responsável. Vivemos tempos sombrios, em perspectiva histórica. Como se não fosse o bastante, o tempo é sempre escasso na dimensão de nosso destino pessoal. Não temos tempo para nós mesmos. O tempo necessário para a nossa plena humanização. Precisamos de tempo para além do trabalho. Tempo para o amor e para a amizade. Tempo para pensar, para ler, para aprender. Tempo para ter saúde física e psíquica. Tempo para nos alimentar em paz, para descansar, para a diversão, para a alegria. E a militância é uma atitude. É uma doação desse tempo raro e precioso. Uma doação é uma entrega, uma oferta, mas não precisa e não deve ser um sacrifício. Deve ser um compromisso.

A decisão de compartilhar um esforço comum em uma organização coletiva nos coloca sempre diante dos riscos do incerto destino das lutas em que nos engajamos. E nos decepcionamos. Frustramo-nos quando vêm as derrotas. E entristecemos quando nos sentimos desiludidos com os que estavam ao nosso lado. Decepção, frustração e desilusão são inevitáveis. As pessoas são complicadas. Somos imperfeitos. Uma forma elegante de dizer que temos defeitos. Temos muitos defeitos graves. Nossas organizações também são imperfeitas e imaturas.

Por isso são tão frequentes os momentos em que sucumbimos com pena de nós mesmos. Ter um pouquinho de dó de si mesmo não diminui ninguém. As crises de autocompaixão ou autopiedade, desde que transitórias, são normais. Desde que não percamos o sentido das proporções. Desde que mantenhamos o equilíbrio. Para um militante, só é possível preservar o equilíbrio com a compreensão do programa.

Transformar o mundo é difícil, porque aqueles realmente muito ricos são também muito influentes. São uma ínfima minoria, quase invisível em comparação com as amplas massas, mas muito poderosa.

Só em oportunidades raras, quando se abrem situações revolucionárias, a sociedade tem disposição de subverter as relações existentes. As lutas sociais se desenvolvem devagar, durante décadas, pausadamente pelo interior das relações de classe existentes. "Pelo interior das relações existentes" significa que aqueles que lutam não acreditam nem imaginam, na verdade, que a sociedade poderia estar organizada de outra forma. De uma forma completamente distinta. As relações institucionais são a expressão de uma relação de forças estável, estabelecida no passado. As instituições, o calendário eleitoral, o Parlamento, a polícia, as Forças Armadas, os meios de comunicação estabelecem um enquadramento que parece durável, invariável, inabalável.

O que transforma a história é a ação da humanidade. E a ação humana é provocada pela crise social. Foi sempre o conflito de interesses que incendiou a necessidade de transformações. Os interesses se traduzem em ideias. As ideias alimentam projetos. Mas a sociedade teme o conflito, a luta franca e aberta, porque há riscos na hora da mudança. Há perigos. Há o que perder. Mesmo entre os explorados e oprimidos, alguns têm a percepção, real ou imaginária, de que têm mais a perder do que outros. Essas diferentes percepções são manipuladas para dividir as forças populares. Há setores mais ativos e outros menos, há vanguarda e retaguarda.

São os interesses de classe que decidem o sentido dos conflitos na sociedade em que vivemos. Essa mentalidade conservadora só se transforma muito lentamente. Até que tudo se precipita, e o que parecia impossível surge como inevitável. A inércia provocada pela imobilidade política sobre a cabeça das pessoas, essa terrível lentidão do psiquismo humano, hipnotiza a imaginação de tal forma que as massas não veem possibilidade alguma de transformação da sociedade. É uma ilusão produzida pela tendência da mente humana a ficar prisioneira de rotinas previsíveis que, mesmo quando são ruins, são consoláveis.

Assim como temos neuroses individuais que nos aprisionam, existem neuroses coletivas que correspondem ao espírito de uma época, aos dramas do período histórico. Cuidemos uns dos outros, enquanto lutamos para mudar o mundo.

O TRABALHO DE BASE

> As virtudes dos homens são semelhantes ao voo dos pássaros.
> A ave que se habitua com a paisagem rasteira perde o gosto pela altura.
>
> Sabedoria popular indiana

O trabalho de base parece invisível, mas é o alicerce da luta para conquistar a implantação política e construir núcleos militantes. Sem trabalho de base não há organização popular. Nas fábricas ou nas escolas, nos bairros ou nas categorias, entre as mulheres ou na juventude, é preciso muita conversa, preparação de reuniões, divulgação de reivindicações, construção de campanhas e, o mais importante, ações de luta. Todo esse processo repousa no trabalho de base. Ele se articula com a formação política dos ativistas, mas é a principal escola de militância.

Porém, quando estamos em uma situação defensiva, é inevitável que o trabalho de base fique mais difícil. A razão é simples. A imensa maioria daqueles que nos cercam pode até nos respeitar, mas não concorda conosco. Não é fácil defender incansavelmente ideias que não encontram respaldo. A tendência é a paixão pelo trabalho de base arrefecer. A pressão para que a militância se restrinja às atividades internas de cada organização, ou às atividades de superestrutura ou de representação, uma forma de "recuo organizado", é quase inexorável. E é perigosa.

Não é menos importante quando é mais difícil. A defesa de ideias é a chave para aumentar a influência, mas é indivisível de uma conduta. O trabalho de base só é possível com a construção de relações empáticas e de confiança, aceitando as diferenças sem hostilidade. A empatia é a capacidade que cada um tem de se colocar no lugar de outra pessoa, de construir identificação com o outro.

Sem empatia não há como estabelecer relações de confiança. O mais importante na luta política é, antes de tudo, estabelecer confiança e fortalecê-la. O alicerce de todo trabalho de base é esse contato pessoal. Todo ativista, quando defende uma posição, está pedindo aos outros que confiem na honestidade de suas intenções. Para conquistar confiança, devemos oferecer primeiro aquilo que estamos pedindo aos outros.

A empatia que o militante procura naqueles com quem discute no local de trabalho ou na moradia, na escola ou na universidade com os seus iguais, deve ser grande o bastante para que mereça reciprocidade. Quem quer ser ouvido e respeitado deve saber ouvir e respeitar. Não há empatia sem simpatia.

A simpatia é uma disposição subjetiva, uma atitude, uma postura de quem mantém a mente aberta. A simpatia não pode ser uma pose. A sinceridade é a chave para estabilizar relações de confiança. Ser sincero é ser capaz de compaixão pelo sofrimento do outro. A vida das massas populares é muito dura. Compaixão é a capacidade de viver as ansiedades, os receios, os medos, as aspirações dos outros como nossas. As pessoas têm experiências por meio de uma vivência emocional.

Bons argumentos são uma poderosa arma política, mas não são tudo. A empatia não é construída somente com palavras, e sim com uma história de vida. Nenhuma liderança alcança autoridade apenas com discursos. Não é possível autoridade política entre os trabalhadores ou as massas populares se não houver, antes das assembleias, um robusto trabalho de base.

Os grandes líderes não se fizeram somente com microfones na mão, mas conversando com os trabalhadores nas empresas, nos sindicatos, em visitas às casas dos operários, marchando ao lado deles nas passeatas, enfrentando a repressão na linha de frente dos confrontos, ou seja, dando o exemplo. A retórica é apenas uma técnica para a apresentação de argumentos. Lideranças sérias constroem organizações coletivas no dia a dia, não somente na hora das lutas e assembleias.

Claro que nenhum militante pode agradar a todos. Isso depende de muitos fatores. A capacidade de identificação de um ativista com seus colegas de trabalho ou de estudo facilita a empatia. A militância não deve fazer de nós "gente esquisita". Ser militante distingue nossa atuação porque defendemos nossas ideias com vigor, e aqueles que estão ao nosso redor descobrem isso facilmente. Mas não precisamos ser demasiadamente "estranhos".

Grandes lideranças provocam empatia, mas é bom saber que isso é raro. A capacidade de empatia em máxima intensidade também é, com frequência, denominada carisma. É muito mais fácil nos identificarmos com aquele que, naturalmente, procura se identificar conosco e é capaz de traduzir nas palavras que não encontrávamos o que estamos sentindo. Em primeiro lugar, a empatia é a capacidade de despertar uma simpatia popular. É melhor o camarada que prefere ser antipático não ocupar o papel de figura pública.

A classe trabalhadora precisa, historicamente, de instrumentos de luta que a representem de forma independente, por meio de organizações coletivas. A construção de lideranças é imensamente mais difícil para a classe trabalhadora do que para a classe burguesa. O perigo das represálias é poderoso o suficiente para que grande parte das lideranças naturais, que surgem em qualquer conflito, se perca pelo caminho. Outros são cooptados, seduzidos pelas recompensas.

Também por isso, pela necessidade de autodefesa dos ativistas, a formação de lideranças entre os trabalhadores passou historicamente pela construção de organizações coletivas. Sujeitos coletivos, como os sindicatos ou os movimentos e partidos, são uma forma de organização superior, mais complexa e muito mais poderosa do que a afirmação de líderes individuais. A capacidade de empatia é um trunfo para o militante, ainda que seja menos importante que a determinação e a inteligência. Porque a simpatia é um sentimento.

A armadilha da empatia é que aqueles com domínio emocional são os que têm um enorme poder de condução, portanto, de manipulação. A burguesia aprendeu a usar a habilidade empática de seus líderes para competir pela direção política da classe trabalhadora. Em seu processo de amadurecimento histórico, a classe trabalhadora pode se sentir representada por líderes de outras classes, mas a burguesia não.

As dores coletivas são anônimas, abstratas, portanto é sempre bom concretizá-las. Como conseguir a empatia? Usando um exemplo. Contando uma história. Uma história real, das muitas que ouvimos todos os dias, mas lembrando que escutar não é o mesmo que ouvir: pode-se escutar muitas coisas, mas se ouve apenas o que quer. A maioria dos seres humanos se emociona com histórias concretas de companheiros que são seus iguais, com um drama que tem nome, endereço, RG e CPF, não com a abstração de dores coletivas e anônimas. As dores humanas são coletivas, mas elas só comovem quando têm nome, endereço, RG e CPF, porque colocam o outro no protagonismo da história. Somente uma dor individual pode despertar empatia em todos nós, transformando-se na bandeira da dor coletiva que incendeia a possibilidade de mobilização.

O PROGRAMA

É cruel ter que aprender com as derrotas. A verdade é que, quando pensamos na escala do complicado processo de formação da consciência de classe das amplas massas, com suas oscilações, avanços e recuos, nada substitui a experiência.

No entanto, quando pensamos na escala de setores vanguardistas que buscam uma organização mais perene para lutar – estudantil ou sindical, popular ou camponesa, negra ou indígena, feminista ou LGBTQIA+, no movimento ou no partido –, podemos aprender com o tesouro de ensinamentos herdados pelos que vieram antes de nós. Não precisamos "inventar a roda" de trinta em trinta anos. Devemos aprender com a experiência dos outros.

Uma lição importante é que devemos seguir ideias, não somente líderes. Esse critério vale para qualquer organização, seja mais moderada, seja mais radical. Uma militância de esquerda deve ser a ação mais consciente possível e, portanto, a mais madura possível. A lealdade às ideias de um programa deve ser superior à lealdade às pessoas.

As ideias por si mesmas não transformam o mundo. Porém, se a excessiva credulidade é perigosa no terreno de nossas relações pessoais, o excesso de ingenuidade política é fatal. Disso não decorre que seja desnecessário construir lideranças. Elas são indispensáveis. São vitais. Mas ninguém pode estar acima do coletivo que representa.

Instrumentos coletivos de luta tendem a ter direções coletivas, que erram menos que as pessoas, porque a pluralidade impõe freios e contrapesos. Organizações coletivas são mais lentas, porém mais eficientes e, sobretudo, mais controláveis. Como são mais participativas, tendem a ser mais saudáveis.

Em essência, não são as qualidades excepcionais dos líderes que explicam o pequeno ou grande caudilhismo. É, principalmente, a fragilidade político-programática das organizações coletivas. Há uma dialética perigosa nesse fenômeno. As organizações coletivas são frágeis quando não são sustentadas pela força das ideias do projeto estratégico. A potência da personalidade importante substitui o protagonismo da militância coletiva. O caudilhismo reflete sempre uma grande imaturidade subjetiva.

Lealdade às ideias não é doutrinarismo, mas adesão a princípios. Lealdade incondicional aos indivíduos é formação de camarilha. Uma camarilha é um grupo de pessoas que defendem umas às outras, independente do que façam. Podemos ser melhores do que isso. As pessoas, apesar de suas qualidades excepcionais, são mais limitadas e imperfeitas que as organizações coletivas.

Na situação em que vivemos, o peso das ideias se enfraqueceu enquanto o peso dos líderes se agigantou, porque a centralidade da imaginação estratégica se perdeu. A confiança na força das ideias diminuiu. Depois da restauração capitalista, o projeto do socialismo entrou em crise e foi substituído pela improvisação tática. Debatemos com fúria o que fazer amanhã, sem discutir para onde vamos. Nos dias atuais, a improvisação tática na luta por reformas do capitalismo, quando não está ancorada na imaginação estratégica da luta pelo socialismo, é a antessala do desastre.

Uma das mais importantes lições da experiência histórica acumulada pela esquerda desde 1978-1979 é que não há dirigentes infalíveis, por mais capazes que sejam. As ideias deveriam ser um marco de compreensão comum da realidade e um ponto de apoio do que fazer para transformá-la. Mas as ideias só adquirem força política quando há pessoas dispostas a lutar por elas. Não há como lutar por um programa sem construir uma organização para defendê-lo. Nada substitui a construção de instrumentos coletivos.

Uma das regressões mais impressionantes dos últimos 25 anos talvez tenham sido os mandatos de deputados de esquerda que passaram a intervir como se fossem organizações coletivas. Não são. A participação de ativistas nos mandatos pode ser maior ou menor, é verdade. Mais ou menos democrática. Mas a força dos mandatos de esquerda no Brasil decorre, em primeiro lugar, de sua capacidade operacional, não de um programa. A imensa maioria dos eleitos representa um setor na intersecção entre os explorados e oprimidos, e responde aos interesses mais imediatos da base social que a elegeu. Salvo honrosas exceções, não há, na imensa maioria, tempo, espaço ou disposição para pensar além da renovação do mandato.

As verbas parlamentares são elevadas. Já a capacidade dos coletivos de autofinanciamento com cotizações voluntárias é limitada. Essa disparidade material cria uma distorção. Os políticos profissionais têm muito tempo. Os militantes, pouquíssimo. Os instrumentos coletivos são pobres, os mandatos são prósperos. Tal dinâmica favorece o carreirismo, uma doença política incurável. Outras são curáveis, não o carreirismo. Porque ele tem e impõe uma lógica irrefreável: a manutenção dos mandatos resulta mais importante que a defesa da causa que justificou sua existência. Os meios transformam-se em fins. Por isso, são numerosos os deputados e senadores mutantes.

A frustração política da vanguarda ativista com os partidos atingiu um grau muito elevado. A desconfiança afastou das organizações coletivas muitos dentre os melhores militantes. A febre do independentismo contagiou. A consequência foi a atomização. Os partidos e organizações se enfraqueceram. Em maior ou menor medida, os mandatos passaram a controlar os partidos, e não o contrário. Também organizações coletivas, evidentemente, adoecem. Mas, sendo coletivas, têm mais chances de se autocorrigir.

Claro que a necessidade de representação não diminuiu. O resultado foi que, em um mesmo partido, passaram a conviver tantos "centros políticos" quantos mandatos parlamentares. As pressões parlamentaristas de um lado, e movimentistas de outro, diminuíram o lugar dos partidos. O lugar do programa passou a ser encarado como um tema reservado para especialistas, intelectuais.

Contudo, a experiência histórica ensina que teoria e prática são indivisíveis. Elaborar um programa não é o mesmo que escrever uma tese de doutorado; não é um desafio literário. Especialistas são valiosos e devem ter um lugar respeitado na esquerda, mas encontrar boas respostas depende de saber colocar as perguntas justas. São os lutadores, os militantes, os ativistas, que acumulam experiência no terreno da luta de classes, que têm as melhores condições de formulá-las.

Uma imensa parcela do ativismo passou a se organizar somente em movimentos sociais fragmentados, que se multiplicaram e passaram a funcionar com a disciplina de um partido, mas sem um programa para a sociedade. Em comparação, durante os quinze anos que vão de 1979 até 1994 prevalecia o critério oposto na esquerda. Os centros políticos eram as correntes e partidos. A militância que surgia das lutas sociais vivia um processo de politização e amadurecia ao se organizar em torno de programas. Havia variados programas e partidos, uns mais moderados, outros revolucionários, mas a tendência era centrípeta, não centrífuga, e essa dinâmica favorecia a reorganização da esquerda em patamar superior àquele que existia antes da derrota de 1964-1968.

Abriu-se agora, com as derrotas acumuladas desde 2015-2016, uma nova etapa de reorganização. Até 2019, ela se desenvolveu "a frio", em um marco defensivo, ao contrário da situação aberta em 1978-1979, quando o processo foi "a quente", com a ascensão das lutas sociais contra a ditadura em sua reta final. Mas tudo pode mudar.

AS POLÊMICAS

Na esquerda do século XX, prevaleceu a tradição bárbara de resolver as diferenças políticas com métodos monstruosos. As maiores aberrações foram as agressões que o stalinismo naturalizou. Mas as maiores vítimas da violência não permaneceram imunes.

Os trotskistas valorizaram os debates teóricos. Ainda que usando como arma somente as ideias, viramos especialistas em polêmicas cruéis, até desumanas. Houve, talvez, correntes devastadoras com as palavras em suas discussões internas. Mas os trotskistas elevaram o masoquismo político a outro patamar. Uma nova forma de arte dramática, quase um novo gênero literário.

Criamos uma reputação. Somos vistos como militantes abnegados, mas arrogantes. Instruídos, porém sectários. Essa fragilidade tem uma história. Quem luta contra a corrente por muito tempo em condição minoritária desenvolve, quase de forma inevitável, reflexos sectários. É uma velha piada trotskista admitir que, entre nós, alguns são tão sectários que nem sabem que são sectários.

Oxalá a nova geração seja capaz de nos superar. Um pouco de paixão revolucionária é bem-vinda, porque empolga. O excesso de entusiasmo em um debate de ideias repousa, quase sempre, no abuso de exageros.

Há polêmicas com posições frontais, laterais e de retaguarda. Frontais são as discussões com os inimigos de classe. Laterais são aquelas que fazemos entre as distintas correntes da esquerda. As de retaguarda são aquelas no interior de cada coletivo. Em geral, elas são simultâneas. Mas não se podem fazer da mesma forma nem na mesma intensidade. As regras são diferentes. O excesso de orgulho é infantil.

Toda polêmica tem o seu tempo. Algumas se resolvem com mais rapidez, outras exigem anos e paciência. Dependem muito da evolução dos acontecimentos. A realidade que nos cerca nem sempre decanta nos prazos curtos. As hipóteses precisam passar à prova dos fatos. E todo debate deve ter princípio, meio e fim.

Cada discussão também tem o seu tom. Em um debate, o tom mais amigável e fraterno, ou mais duro e áspero, é compreensível dentro dos limites do respeito. Somos, na esquerda brasileira, tolerantes demais com as "desproporções". Rigor é muito importante e não deve ser uma solenidade. Deve ser exatidão, concisão e precisão. Ou seja, uma boa medida de graduação, de calibragem. Somos uma fraternidade de lutadores, não precisamos de pompa, e sim de equilíbrio.

A força de um debate deve depender mais da magnitude das diferenças do que da personalidade dos militantes. Não devemos deixar um debate de ideias ser contaminado pela emoção. Devemos cultivar o autodomínio, a autodisciplina, a autocontenção. Diferenças de tática, nuances e matizes são rotineiras e exploratórias. Diferenças de estratégia são intensas e programáticas. Mas toda polêmica séria exige respeito.

Não há elaboração coletiva sem luta de ideias. Toda discussão é uma crítica e, portanto, uma polêmica. A liberdade é sempre a liberdade de quem pensa diferente de nós. Não devemos temer as diferenças. Devemos temer o erro, que tem um preço alto. Se não há democracia interna em uma organização, não há elaboração coletiva. Se a elaboração não é coletiva, erraremos mais. É inexorável.

E a militância em um coletivo não vale a pena sem o direito real de participação na elaboração coletiva. Uma militância assim fica incompleta, amputada, mutilada. A militância é uma doação por inteiro. Pensamos e agimos juntos. Se em uma corrente só alguns exercem o direito democrático de pensar, enquanto outros só têm a obrigação de agir, algo está muito errado

Todos devem ter o direito de dizer o que querem. Mas também têm o dever de ouvir o que não querem. Aprender a ouvir é um processo. É muito comum que uma ideia seja apresentada com clareza, mas não seja compreendida. E não é incomum que não seja apresentada com clareza, com resultados ainda piores. Saber ouvir e atribuir sentido ao que foi dito é tão importante como saber falar.

Claro que direito de participação não é só isso. É muito mais, porque é preciso regular o direito de decidir. Quem são os que decidem e sobre o que podem decidir também é muito importante. As regras podem variar. Sejam quais forem, devem ser claras.

O direito de participação não deve ser interpretado como dever de concordância. Ninguém deve se sentir incomodado, embaraçado ou constrangido porque discorda de alguém. Não pode haver pressão pela unanimidade. Uma organização cuja coesão repousa somente na autoridade dos líderes é muito frágil. Pode parecer um castelo inexpugnável, mas é um castelo de areia.

Claro que é preciso educação emocional para o debate. Para participar de uma discussão, a maturidade é necessária para não interpretar uma discordância como uma ofensa pessoal. Aprende-se essa atitude tranquila, adulta e equilibrada. Há uma dimensão subjetiva em nossas relações políticas, o que significa o cuidado para não machucar um ao outro.

Um coletivo socialista é uma escola de educação muito intensa. Não nos formamos somente como militantes. Construímo-nos como pessoas mais inteiras, responsáveis e íntegras. A formação de lideranças para as lutas populares é o cerne de uma organização marxista séria.

Mas, claro, há o perigo de os militantes se ofenderem. Polêmicas só são destrutivas quando são *ad hominem*. Camaradas maravilhosos e de longa trajetória, que passaram por muitas provas, podem defender ideias erradas, absurdas, disparatadas e até aberrantes. E uma pessoa de caráter confuso, duvidoso ou dúbio pode ter razão. A primeira regra na luta de ideias é o respeito, portanto, a honestidade intelectual. A disputa de ideias deve ser somente uma esgrima de argumentos.

O fracionalismo é o sintoma mais perigoso do sectarismo. Fracionalismo não é a formação de uma tendência. Uma tendência é uma união transitória de militantes em torno de uma plataforma sobre um ou mais temas. Uma fração é um agrupamento interno de militantes que querem disputar a direção e pedem o direito à proporcionalidade na representação. Em um debate, a auto-organização dos que defendem as mesmas ideias é o exercício de um direito. São legítimos e, em grande medida, inevitáveis. Fracionalismo é a criação de uma fração de militantes unidos pela confiança pessoal, apesar de seus membros terem ideias diferentes. Uma camarilha, portanto. E o pior fracionalismo é o secreto.

Construir uma teoria conspiratória é também um recurso comum ao fracionalismo de maioria. Porque há dois tipos de fracionalismos, o da maioria e o da minoria. O primeiro é muito mais grave. Fracionalismo é uma doença política, e seu sintoma mais comum é a intolerância à pluralidade, ou seja, às ideias dos outros. Mas isso é somente um sintoma. O fracionalismo é um comportamento de camarilha.

A consequência inexorável é a fragmentação. Quando a doença do fracionalismo se instala, também o fazem a desconfiança e a suspeição. Quais são as intenções ocultas daqueles que discordam de mim? Não é difícil elaborar uma narrativa imaginária a partir de alguns grãos de verdade.

Honestidade e respeito, nesse terreno, são indivisíveis. Honestidade é respeitar os outros e suas ideias, mas também admitir os erros, quando acontecem. Disposição de autocrítica é essencial. Quem nunca faz autocrítica não merece confiança. Admitir o erro não diminui ninguém. Militantes e organizações que não fazem balanços críticos de suas ideias não têm futuro.

Coerência não é o mesmo que obtusidade. Coerência é manter a consistência com a defesa de um programa. Não é acertar sempre, mas admitir a necessidade de se corrigir. Só os obtusos não admitem erros. Algo rudimentar, tosco e primitivo.

Respeitar as posições do outro não é apenas boa educação e bom caráter. É a humildade mais elementar. Cada organização socialista, em função da dispersão balcânica em que mergulhamos, é somente um embrião entre outros. Toda concepção autoproclamatória de seu passado, por mais importante, imponente ou grandioso que seja, é substitucionista e incorrigivelmente desagregadora.

O processo de reorganização da esquerda será amplo e lento. Teremos muitas discussões. Em uma boa discussão, contudo, não há vencedores nem perdedores.

O MANIQUEÍSMO

Não são poucos os militantes socialistas que associam a luta contra o capitalismo à luta entre o bem e o mal. Essa compreensão pode ser conceituada como maniqueísta, palavra derivada de Manes ou Maniqueu, filósofo gnóstico da Antiguidade que interpretava o sentido da vida e da história como uma luta infinita entre Deus, o bem, o espírito, e o Diabo, o mau, a matéria.

Existe, evidentemente, uma dimensão moral na luta contra a exploração e a opressão. Mas isso não permite concluir que defender ideias socialistas equivale a ser do "bem". Porque não são apenas as ideias, e nem sequer principalmente elas, que definem quem somos. Infelizmente encontramos pessoas de mau caráter nas fileiras da esquerda. Pessoas egoístas, desonestas, indignas, falsas, traiçoeiras e conflitivas. Encontraremos oportunistas que se aproximam de organizações socialistas para obter vantagens pessoais.

É compreensível que tal frustração alimente o desalento, sobretudo entre os mais jovens. Muitos abandonam a militância porque concluem que o socialismo não é possível, já que até entre socialistas há pessoas que não merecem confiança. Terminam desesperançados, abraçados à ideia de que seria necessária outra humanidade, moralmente reinventada, para poder lutar contra o capitalismo. Essa percepção é incorreta.

Na verdade, nada disso deveria nos surpreender. Em uma sociedade na qual prevalecem relações sociais que incentivam a cobiça por dinheiro e prestígio, é previsível que esse comportamento seja comum, mesmo entre os explorados. A causa dos trabalhadores e dos oprimidos é politicamente justa, ainda que as pessoas não sejam perfeitas. Toda e qualquer idealização do proletariado é ingênua. A causa do socialismo é a mais elevada do tempo que nos coube viver, porque o capitalismo é uma ameaça à sobrevivência da humanidade.

Claro que a luta para transformar o mundo é indissociável da luta para transformar a nós mesmos. Essa luta é uma permanente reeducação. Uma organização socialista com um regime interno saudável precisa saber se proteger dos oportunistas. Por isso, ela deve ter fronteiras.

O marxismo nunca defendeu a visão ingênua de uma humanidade naturalmente bondosa, gentil, altruísta e solidária. Tampouco fundamentou a necessidade da igualdade social em uma suposta igualdade natural. O que o marxismo afirmou foi a dimensão histórica da natureza humana que, portanto, se transforma. O que o marxismo preservou foi a ideia de que a abundância de capacidades não permite explicar a desigualdade social que nos divide. A causa da desigualdade é a exploração de uns pelos outros, e não o contrário.

Marx acreditava que o homem, como ser social, transformou a natureza à sua volta e, portanto, a si próprio, ou seja, a sua própria morfologia. Dominou com as mãos a pedra, a madeira, o fogo, as peles e as fibras. Aprendeu a caçar em colaboração e diversificou sua dieta. Aumentou seu cérebro, sua estatura e sua expectativa média de vida. A história das civilizações continuava e, inclusive, acelerava essa transformação da natureza e da humanidade.

A interpretação da história baseada em padrões de comportamento social humano rígido era rejeitada com vigor por Marx. Não somos, naturalmente, nem bons nem malvados. Nem egoístas nem altruístas. O filósofo argumentou que a humanidade reinventou permanentemente a si própria por meio do trabalho e da cultura. A natureza humana seria um processo ininterrupto de transformações adaptativas. Nos *Manuscritos econômico-filosóficos,* Marx apresentou a ideia de que uma essência humana imanente – um potencial de transformação – se expressou na ampliação das forças produtivas, ou seja, na invenção de novas necessidades.

A ampliação dessa riqueza da natureza humana foi a substância do progresso. Fizemo-nos mais rápidos que o guepardo e mais fortes que o elefante. Voamos mais alto que o condor e descemos a profundidades maiores que os peixes. Marx admitiu, no entanto, que existiam limites. Reconheceu que a humanidade transformava a natureza e todas as suas relações sociais – a língua, as ferramentas do trabalho etc. – em condições naturais e sociais que não podia escolher, que eram alheias à sua vontade; mas não aceitava a premissa que condicionava a mudança da sociedade à mudança prévia do homem. Ao lutar pela transformação e pelo domínio consciente de suas relações sociais, a humanidade estaria transformando a si mesma.

O liberalismo, por sua vez, defendeu a visão de uma humanidade irremediavelmente fraturada. Ao remeter as formas econômicas da organização social contemporânea às características de uma natureza humana invariável – o homem como lobo do homem –, o liberalismo justificava o capitalismo na desigualdade natural.

A rivalidade entre as pessoas e a disputa pela riqueza seriam um destino incontornável. Um impulso egoísta ou uma atitude comodista, uma ambição insaciável ou uma avareza incorrigível definiriam nossa condição. Eis o fatalismo: o individualismo seria, finalmente, a essência da natureza humana. E a organização política e social deveria se adequar à imperfeição humana. E resignar-se.

De forma resumida e brutal: o direito ao enriquecimento seria a recompensa dos mais empreendedores, corajosos ou capazes, e de seus herdeiros. A propriedade privada não seria a causa da desigualdade, mas uma consequência da desigualdade natural. É porque as habilidades e disposições que distinguem os homens são muito variadas que, segundo os defensores de uma natureza humana rígida e inflexível, existe a propriedade privada, e não o inverso. A diversidade entre os indivíduos, inata ou adquirida, seria o fundamento da desigualdade social. Em consequência, o capitalismo seria o horizonte histórico possível e o limite do desejável. Porque com o capitalismo, em princípio, qualquer um poderia disputar o direito ao enriquecimento.

Embora ainda exerçam alguma influência sobre o senso comum, as premissas anti-históricas criacionistas de uma natureza humana invariável, e ainda por cima cruel, sinistra e malvada, são inaceitáveis.

A humanidade compartilhou a capacidade de amar e odiar, confiar e temer, identificar e repudiar, desejar e rejeitar, admirar e querer, sorrir e desprezar, invejar e imitar, ou seja, todo um repertório de ações e reações dos homens entre si – colaboração e conflito –, impulsionado pela necessidade de sobreviver na natureza, o que resultou em experiências históricas que se concretizaram em relações sociais. Transformamos valores e costumes, ao longo da história, da mesma maneira que melhoramos ferramentas, e podemos sonhar as mudanças que ainda estão por vir.

A história é um processo cultural de readaptação da humanidade. Essa capacidade de autotransformação foi uma constante que ofereceu coerência interna à própria história, permitindo que fosse compreendida. Por isso, a esperança pode triunfar.

O SOFRIMENTO

A eleição de Bolsonaro trouxe novamente para o primeiro plano, de forma mais ou menos séria, a discussão do lugar da insanidade na política. Bolsonaro é, politicamente, um neofascista. Não sabemos qual é o quadro de sua saúde mental. Mas as ideias que defende são tão obtusas, absurdas, disparatadas e irracionais, e seu comportamento é tão provocativo que há suspeitas, não infundadas, sobre o seu equilíbrio mental.

Incontáveis vezes ao longo da história, psicopatas conquistaram a posição de líderes políticos e chegaram ao poder. A psicopatia é um transtorno patológico de personalidade caracterizado por comportamentos antissociais. Psicopatas não têm temor algum de manipular pessoas. Não sentem culpa. Não têm respeito, cautela ou escrúpulos. Mas podem ser muito astutos, audaciosos, destemidos, decididos e inteligentes. Podem ser inspiradores. Podem ser brilhantes.

Hitler era, inequivocamente, um psicopata, maníaco, doido. Mas não foi somente nas fileiras do fascismo que psicopatas chegaram à liderança. Stálin era um psicopata paranoico. A Organização Mundial de Saúde (OMS) avalia que a psicopatia atinge pelo menos 1% da população mundial. Isso é muita gente. Só no Brasil são mais de 1 milhão de adultos.

O tema da loucura ainda é um tabu entre nós. Ainda é um constrangimento no tempo em que vivemos. Temos reservas ou restrições em discutir sobre saúde mental de maneira adulta, madura e aberta. Ficamos acanhados.

Tudo é uma questão de grau. Ridicularizamos, caçoamos e até achincalhamos comportamentos que nos parecem absurdos, mas, sobretudo, na brincadeira. Na esquerda, o nível de tolerância com atitudes incoerentes, meio bobas e tolas é muito grande, o que é compreensível. Ainda bem que é assim. Afinal, estamos imersos na luta popular, na qual a experiência do sofrimento é enorme, e há muitas pessoas machucadas entre nós. Somos e devemos ser pacientes.

Embora não discutamos a dimensão subjetiva da vida com a frequência que deveríamos, temos consciência das dores que nos cercam. Todos nós conhecemos pessoas com graus variados de desconexão com a realidade. Ou seja, com momentos de delírio, frenesi, desatino ou até mesmo, em situações extremas, alucinação. Ponderamos corretamente os momentos de insensatez como transitórios.

Entretanto, desenvolvemos na esquerda o hábito de denominar malucos aqueles que defendem ideias diferentes das nossas. Os loucos são sempre os outros. Não saberia dizer quando começou essa onda. Lembro de um tempo em que ainda não era assim.

No entanto, não é um bom critério diminuir aqueles com quem não concordamos como um atalho para desqualificar suas ideias. Virou mania inferiorizar o mensageiro para envenenar a mensagem. É assim porque é mais difícil debater seriamente com argumentos, examinando diferentes propostas.

Isso não quer dizer que não haja militantes de esquerda em sofrimento psíquico. Claro que há, infelizmente, e são muitos. Muita gente em nosso entorno está, sobretudo, em um quadro de depressão, embora as situações sejam as mais variadas[1]. Também é verdade que, por distintas razões, há muita gente que não se cuida e não procura apoio especializado, ainda que haja tratamentos de eficácia comprovada. Uma grande parte abusa do consumo de medicamentos, drogas variadas e sobretudo do álcool. O adoecimento individual é indivisível do contexto social. Não faz sentido, portanto, que não haja lugar na militância para camaradas com distúrbios de humor. Não exigimos atestado médico de

---

[1] O número de pessoas que vivem com depressão aumentou 18% entre 2005 e 2015, segundo o novo relatório global lançado em fevereiro de 2017 pela OMS. De acordo com a publicação "Depression and other common mental disorders: global health estimates", há 322 milhões de pessoas vivendo com esse transtorno mental no mundo. O novo relatório global mostra ainda que a depressão atinge 5,8% da população brasileira (11.548.577). Já os distúrbios relacionados à ansiedade afetam 9,3% (18.657.943) das pessoas que vivem no Brasil. Ver Organização Pan-Americana da Saúde, "Aumenta o número de pessoas com depressão no mundo", 23 fev. 2017. Disponível on-line.

ninguém. Quando alguém entre nós adoece, não importa qual seja a enfermidade, pressionamos para que se cuide e respeitamos o tempo de recuperação.

O sofrimento mental não autoriza a conclusão de que as ideias políticas de um militante estejam erradas. As pessoas não se dividem na forma simples de dois grupos, o dos sãos e o dos enfermos. A ciência descobriu que, em algum grau, somos todos neuróticos. É, portanto, muito mais complicado. Os distúrbios emocionais têm muitos e variados níveis de intensidade.

Evidentemente, a esquerda não pode ser um consultório psicológico. Organizações são ferramentas de luta. São instrumentos coletivos dedicados à formulação e à defesa de um programa, uma estratégia, um projeto. Por isso, não devem clinicar seus membros. Tampouco devem emitir opiniões sobre o nível de saúde mental dos ativistas de outras correntes. Podemos ser melhores do que isso. Devemos ser mais solidários um com o outro.

E devemos também ser muito criteriosos no processo de seleção de lideranças. Precisamos estar atentos e vigilantes. Porque nas nossas fileiras também aparecem pessoas de mau caráter. Toda organização tem o direito de se proteger de psicopatas. Pessoas perigosas não podem ter responsabilidade.

O SACRIFÍCIO

Quem defendia voto de pobreza, castidade e obediência eram os jesuítas

Precisamos discutir quais são os valores que nos inspiram. Quais são as nossas referências? No âmago de cada um de nós, consideramos, pesamos e analisamos as consequências de nossas ações antes de tomar uma decisão. Para isso, temos princípios, costumes ou regras interiorizados. A moral é uma construção social e histórica. Portanto, se transforma. Mas isso não permite concluir que os socialistas não defendem conceitos morais.

Ao contrário, temos muitos compromissos éticos. Reconhecemos obrigações nas relações sociais. Honestidade é sinceridade e honradez. Responsabilidade é maturidade e seriedade. Solidariedade é fraternidade. Perseverança é abnegação e resiliência. Cortesia é gentileza e delicadeza. Flexibilidade é tolerância e respeito. Defendemos o desprendimento contra o egoísmo; a generosidade contra a cobiça; a paciência contra a raiva; o altruísmo contra a inveja; o empenho contra o desleixo; e a humildade contra a vaidade.

No entanto, não reduzimos nossa militância a uma cruzada moral. Porque defendemos que o que está errado na sociedade não é a maldade humana, mas o capitalismo. Não é a corrupção e a desonestidade, mas o capitalismo. Não é o egoísmo e o mau-caratismo, e sim o capitalismo.

Não somos seguidores dos dez mandamentos da Idade do Bronze. Respeitamos a tradição das civilizações antigas do Mediterrâneo Oriental que elegeram os sete pecados capitais. Contudo, o discurso moral de condenação da gula, luxúria, avareza, ira, inveja, preguiça e, sobretudo, do orgulho, respondeu historicamente nos últimos 2,5 mil anos às necessidades de controle social. Não é um programa político.

O caminho de transformação da sociedade é a luta social e política dos trabalhadores e dos oprimidos contra a burguesia. Não é a luta de pessoas boas e decentes contra as ruins e malvadas. Mas essa visão de mundo é minoritária, inclusive entre os explorados. Portanto, sofremos a imensa pressão de ideologias muito poderosas, de grande influência popular, porém incompatíveis com a luta contra a propriedade privada e o capital.

Entre as amplas massas, a percepção de que não é possível mudar a sociedade repousa em muitos fatores. Os objetivos, como a força da riqueza e o controle do poder, são extremamente poderosos. Mas há também os fatores subjetivos que são o centro da disputa ideológica. Essa é uma luta de ideias. E é também um combate contra os aparelhos que perpetuam concepções, que perpetuam a resignação, a insegurança, a indecisão e a incerteza das massas sobre si próprias. Aparelhos que incentivam o acomodamento e a submissão, a prostração e o fatalismo. E nada é mais desmobilizador do que a ideia simples, porém devastadora, de que a luta não vale a pena porque as pessoas não prestam. A disputa ideológica nos remete, desse modo, aos valores que devem inspirar nossa militância.

Militância não é voto de pobreza: é uma oferta, uma doação. A teologia ou a idealização do sacrifício como um caminho para a paz é uma premissa religiosa, não socialista. Não defendemos o ascetismo. Desapego não é renúncia, dedicação não é purificação, austeridade não é virtude. Não condenamos a ambição. É legítimo ter aspirações pessoais. Criticamos a rivalidade. O comedimento, a simplicidade e a sobriedade não são automortificação. Desprezamos a ostentação. Mas a frugalidade só é virtude contra a futilidade. Não somos uma fraternidade de estoicos. Somos um movimento social e político de pessoas normais, e, portanto, imperfeitas.

A militância não é voto de castidade. Não pode ser renúncia ao desejo, nem desinteresse ou indiferença erótica, nem defesa do celibato ou da fidelidade.

A militância não é voto de obediência contra o orgulho e a vaidade.

Quem defendia voto de pobreza, castidade e obediência eram os jesuítas. Não são as nossas bandeiras.

A RELIGIOSIDADE

Precisamos refletir sobre a relação entre a militância socialista e outros aspectos da vida, em especial o religioso. A maioria da militância de esquerda é muito apaixonada pela identidade socialista, e isso é bom. Abraçamos a causa mais elevada do tempo que nos coube viver. Somos muito comprometidos com nossa aposta estratégica. Temos obstinação revolucionária. Esse é um ponto forte da esquerda.

Mas paradoxalmente é nosso ponto fraco. Porque também somos, em maior ou menor medida, sectários. Ser sectário é ser estreito, inflexível, rígido, intransigente ou até mesmo áspero e intratável. Muitos ativistas honestos ficam desgostosos em discutir ideias quando percebem uma atitude arrogante. Ninguém gosta de desaforo.

A luta política se desenvolve na arena da vida pública. Atravessa nossas vidas nos locais de trabalho, moradia, estudo e outros. Não se resume à luta pelo poder. Estamos engajados em movimentos sociais – sindicais, estudantis, populares, agrários, de educação, de saúde pública, de mulheres, ambientais, territoriais, LGBTQIA+, culturais etc.

No entanto, também nós, militantes, estamos inseridos em variados espaços que definem nossa vida privada e mesmo a dimensão pessoal da existência. Os mais importantes são a família e os círculos de amizade. Há também os espaços que remetem às nossas preferências e escolhas.

Tem gente que adora demonstrar as virtudes de acordar cedo, dormir tarde ou fazer a sesta. Tem muita gente convencida de que as dietas são um tema político. Na luta socialista podemos conviver em harmonia entre não fumantes e fumantes;

veganos, vegetarianos e onívoros; alopatas e homeopatas; sertanejos, roqueiros e sambistas; cinéfilos e literatos; românticos e surrealistas; corintianos, santistas e palmeirenses; sedentários e atléticos; pedestres, ciclistas e motociclistas etc.

Entre todas as dimensões da vida privada, a mais importante é a da religiosidade ou espiritualidade. Ela ocupa um espaço relevante no sistema de valores, apegos, crenças e esperanças da imensa maioria do povo.

No recenseamento demográfico de 2010, 15 milhões de pessoas se declararam sem religião, ou seja, ateus e agnósticos[1]. Mais de 123 milhões se declararam católicos, mais de 42 milhões como evangélicos, e quase 4 milhões como espíritas. Os dados disponíveis confirmam que estamos entre as populações mais religiosas do mundo. É improvável que as informações do próximo censo sejam muito diferentes.

Ser socialista não é aderir a uma associação de descrentes e incrédulos. Não somos uma carbonária de ateus e agnósticos. Ser socialista é defender um programa político, ou seja, um projeto de luta pelo poder do Estado. Defendemos um Estado separado da Igreja. Nesse sentido, o programa socialista é republicano, o que significa que a esfera da vida privada deve permanecer protegida da ingerência do Estado. A vida privada, para não falar da vida pessoal, deve ter plena autonomia.

Não é razoável esperar que todos que querem se organizar para lutar contra o capitalismo tenham de renunciar à sua fé. Tampouco há algo de errado se um militante se empenhar em defender o ateísmo. Trata-se de luta ideológica. Mas não somos uma sociedade científica. Respeitamos as sociedades científicas. É muito razoável que haja socialistas entusiasmados pela ciência. O que vale para a espiritualidade também deve valer para outras crenças. Não são poucos os militantes que encontram conforto na astrologia, na leitura de cartas de tarô, na numerologia.

A luta pelo ateísmo não deve estar no programa nem nos estatutos de uma organização socialista. Portanto, deve ser possível a convivência entre militantes ateus, agnósticos e religiosos dentro de organizações socialistas.

É assim por variadas razões. A primeira, e mais importante, é que devemos ter respeito e tolerância uns com os outros, porque temos inimigos muito

---

[1] Instituto Brasileiro de Geografia e Estatística, "População residente por religião", *Censo demográfico*, 2010. Disponível on-line.

poderosos e queremos vencer. Todos os lutadores anticapitalistas devem ser bem-vindos. A fé religiosa é uma experiência individual.

Isso não significa, evidentemente, que a esquerda não deva lutar politicamente contra líderes ou instituições religiosas que defendem o capitalismo. Mas luta política e luta ideológica são diferentes, e obedecem a regras distintas. A luta política contra igrejas reacionárias é necessária e legítima.

Em segundo lugar, é bom lembrar que o marxismo não é uma teoria sobre tudo. Não é uma doutrina. Marx, ainda muito jovem, em processo de amadurecimento e rompimento com o hegelianismo de esquerda, escreveu uns parágrafos pouco compreendidos sobre o lugar da religião:

> A miséria *religiosa* constitui ao mesmo tempo a *expressão* da miséria real e o *protesto* contra a miséria real. A religião é o suspiro da criatura oprimida, o ânimo de um mundo sem coração, assim como o espírito de estados de coisas embrutecidos. Ela é o *ópio* do povo.[2]

O mais importante da citação é que foi escrita por um ateu que reconhece a humanização ou consolação que a experiência da fé pode significar. Não é só alienação diante de nossa condição mortal. Devemos aprender a respeitar a subjetividade de todos os lutadores da causa socialista. Não faz sentido torturar militantes religiosos com discussões sobre a existência de Deus.

---

[2] Karl Marx, "Crítica da filosofia do direito de Hegel – introdução", em *Crítica da filosofia de Hegel* (trad. Rubens Enderle e Leonardo de Deus, 2. ed., São Paulo, Boitempo, 2010), p. 145.

AS FINANÇAS

Precisamos conversar sobre dinheiro na esquerda. A liberdade política tem um preço. Chegou a hora de olhar de forma responsável e madura para esse tema. Se quisermos aprender seriamente as lições das derrotas acumuladas nos últimos cinco anos, o tema das finanças é incontornável. Não há militância consistente sem organização. E não há organização estável sem finanças.

E, como em todos os terrenos da vida militante, sem exceção, não vale tudo. Os meios e os fins são indivisíveis. Não se deve lutar por fins grandiosos com meios indignos, abjetos, desprezíveis. Há vários tipos de organização. Mas o que define um coletivo de militantes como uma organização é um programa ou uma compreensão comum da realidade que se quer transformar e do que fazer; é a adesão voluntária e desinteressada à luta e a decisão de agir juntos. A renúncia a uma militância independente é compensada pela eficácia da ação conjunta. Porém, para tudo isso é preciso conseguir dinheiro.

Não há organização independente sem finanças próprias. O que define o grau de liberdade de uma organização é sua capacidade de se manter com os recursos que ela própria é capaz de gerar. Essa liberdade tem um preço. Quando se dedica tempo para ter finanças próprias, deixa-se de fazer outras atividades. O dinheiro doado em cotizações é sempre um recurso que se torna indisponível para si próprio. Deve haver sentido de proporções na política de finanças. Como critério, isso significa que uma tabela de referência deve ser proporcional e progressiva, de forma a equalizar as contribuições. Elas são um critério de pertencimento. Quem não paga, não vota.

Militantes profissionais são a coluna vertebral de uma organização socialista. São os funcionários da organização. Nenhuma organização pode se manter, superado um grau molecular de construção, sem que tenha militantes dedicados integralmente à sua construção. Podem se especializar quando estão liberados do trabalho assalariado. Os profissionais potencializam muito a capacidade de intervenção de uma organização e favorecem seu crescimento. Mas não são somente uma solução. Podem se transformar em um problema.

Toda organização necessita de um aparelho interno. E o aparelho deve estar a serviço da organização, e não a organização a serviço do aparelho. Se os profissionais são poucos, em proporção às necessidades da organização, o peso da sobrecarga de trabalho será devastador. Quando se exige das pessoas mais do que elas sabem ou podem fazer, elas se desmoralizam e "quebram". Se são muitos profissionais, a tendência à autonomização será irrefreável. Um bom critério é que recebam salários equivalentes aos de um trabalhador especializado ou, no máximo, iguais aos que recebiam em suas profissões.

Por outro lado, longas profissionalizações, que às vezes se estendem por décadas, são perigosas. Em primeiro lugar para os próprios militantes profissionalizados, que passam a depender da organização. Mas também para a organização. Deve haver limites claros de mandatos.

Finanças próprias significam, a princípio, contribuições voluntárias ou cotizações. Organizações cujos membros são predominantemente trabalhadores terão recursos mais escassos que as organizações que representam os capitalistas ou a classe média. Nesse terreno, a desvantagem relativa é inevitável. Organizações socialistas dependem, essencialmente, da disposição e da confiança dos trabalhadores que pretendem representar. Serão tanto menos pobres quanto maior for a audiência de suas posições.

A ideia de que não se pode manter uma organização com cotizações é uma meia verdade, portanto, é também meio falsa. O primeiro critério é que o pilar mais sólido são as contribuições. Finanças independentes não precisam depender somente de contribuições. Mas elas são o alicerce. Militantes socialistas que recebem grandes heranças devem cotizar. Organizações socialistas podem e devem também produzir e vender produtos e serviços.

Não podemos aceitar doações dos inimigos de classe. Esse critério remete à questão central de um programa socialista. Evidentemente, como já ocorreu no passado, pode acontecer de pessoas nascidas em famílias burguesas aderirem ao projeto socialista, de forma mais ou menos ativa. Mas é excepcional. Quando um grupo empresarial oferece dinheiro para uma organização socialista, está fazendo uma negociação. Se ela aceitar, está se comprometendo.

Não devemos rejeitar o dinheiro do Estado, mas não podemos depender dele. O financiamento público de partidos, inclusive de campanhas eleitorais, é uma conquista democrática. Diminui as desigualdades da disputa. Entretanto, há uma dialética terrível quando se estabelece uma dependência. O que era um meio, se não há medidas de contrapressão, pode transformar-se em um fim. Máxima transparência, por exemplo. Contenção de gastos. Investimentos em educação socialista, construção de escolas, editoras, doações para a sustentação das lutas populares.

O usufruto da legalidade e a participação eleitoral devem ser alavancas para aumentar a influência das ideias socialistas, mas têm um preço. A conquista de mandatos parlamentares é uma vitória que pode se transformar em derrota. Mandatos não pertencem somente aos deputados eleitos. São uma construção coletiva. E deve ser limitado o número de mandatos que um parlamentar exerce. O rodízio na representação, com todos os custos que advêm das dificuldades de construir uma figura pública, é a melhor solução.

Organizações socialistas devem organizar campanhas financeiras. Pedir dinheiro para uma causa justa não diminui ninguém. Ao contrário, a humildade engrandece. Militantes não passam vergonha quando pedem uma contribuição. Organizações socialistas são úteis. Manter uma imprensa socialista tem um custo, que deve ser divulgado. Campanhas de arrecadação de fundos são muito educativas. Complementam a arrecadação de cotas e deixam clara a seriedade da independência das finanças. Pedir dinheiro é legítimo, até essencial, mas não pode ser o centro da militância. O centro da militância é o engajamento nas lutas sociais.

A liberdade política não tem preço.

O TRABALHO EM EQUIPE

Precisamos conversar sobre os conflitos pessoais entre militantes e a importância da paciência entre nós. O nome dessa paciência é fraternidade. Ou camaradagem. Diante de um governo como o de Bolsonaro, mais do que nunca a militância em um coletivo precisa ser um trabalho em equipe. Trabalho em equipe em uma situação defensiva exige mais reuniões. A discussão coletiva consome mais tempo. Aprender a fazer boas reuniões é uma arte. Uma reunião mal preparada, uma intervenção intempestiva, uma ironia inoportuna podem ser o bastante para que a aspereza alimente antagonismos, depois irrefreáveis.

Uma organização saudável deve estimular seus membros a se cuidarem física e emocionalmente. Basta que um militante esteja mentalmente adoecido para que uma equipe inteira se desestabilize ou até se destrua. Ainda há muita incompreensão, desconhecimento e preconceito sobre as diferentes condições de sofrimento psíquico. Nenhum de nós está resguardado, protegido, blindado diante das aflições da vida. O trabalho em equipe só é possível com respeito mútuo, tranquilidade e alguma alteridade.

As pessoas se desentendem não apenas por razões políticas ou pela defesa de ideias. A discórdia pode ficar amarga muito facilmente quando a ansiedade aumenta. A angústia aumenta na esquerda porque viemos de derrotas. Diante de derrotas, é inescapável a busca por culpados, ainda que em diferentes graus de responsabilidade. Preservar a capacidade de trabalhar juntos tem importância estratégica.

Somos diferentes, até muito diferentes uns dos outros. E nos transformamos quando entramos em uma organização. Não há militância sem disposição de autotransformação para melhor. A militância é um aprendizado. Ninguém nasce socialista. Isso exige uma revisão de valores, critérios e juízos que pode ser conflituosa e, não poucas vezes, contraintuitiva, algo que contraria o que pensávamos que era certo.

Trabalho em equipe é colaboração. Nos organizamos para conquistar maior eficácia em uma luta titânica contra inimigos poderosos. Os trabalhadores só podem vencer se conseguirem se organizar: nos sindicatos, nos movimentos, nas correntes, nos partidos. Toda organização popular é, em primeiro lugar, uma ferramenta de luta. Mas é também um grupo social.

O que uma organização política ganha em audiência, quando supera a condição de um núcleo fundacional, perde em homogeneidade. Quando se supera a escala das dezenas e se passa à escala de centenas ou milhares de militantes ativos, os estranhamentos e desavenças entre eles se acentuam. Os ganhos e proveitos políticos do crescimento são evidentes. Coletivos mais implantados e heterogêneos são mais fortes e potencialmente mais úteis, porque tendem a errar menos. Mas também há perdas.

Perde-se o nível elevadíssimo de confiança pessoal que só é possível entre aqueles que se conhecem há muito tempo. Nada substitui a confiança. A confiança pessoal repousa na intimidade. No entanto, uma organização de lutadores é um grupo social diferente de outros, porque o que deve unir os seus membros é o acordo com o programa. Confiar em um projeto, em ideias, é algo muito mais abstrato, porém mais sólido, do que confiar em uma pessoa. As pessoas mudam, nem sempre para melhor. Seguir um programa exige, portanto, mais maturidade.

A maioria da militância adere ao projeto socialista muito jovem, ainda em processo de formação. É plausível que se expressem fortes pressões narcísicas. Mas o excesso de amor por si próprio, ou por sua própria imagem, limita uma boa relação com o outro e impulsiona mal-entendidos, confusões, brigas e rivalidades. Há lugar para todos e cada um na luta socialista. Basta paciência para conseguirmos uma boa divisão de papéis e tarefas.

Não há nada de errado em criticar o que alguém fez. É preciso, porém, aprender a criticar sem ofender. Ninguém é do tamanho de seus erros. Somos todos maiores e mais complexos do que nossos deslizes, falhas, enganos ou bobagens. A imaturidade pessoal pode ser um grave fator de agigantamento de conflitos – eventualmente desnecessários, mas, ao final, insolúveis. Porque as intrigas são destrutivas.

Somos todos, em maior ou menor grau, ao menos um pouquinho individualistas. Ninguém está imune às pressões do tempo e espaço em que vive. Humildade é reconhecer os nossos limites e erros. A imaturidade recorre, às vezes, à falsa humildade, que é uma dissimulação. Humildade não é a recusa ao exercício de responsabilidade ou de autoridade – isso é um tipo de vaidade. Autopiedade tampouco é humildade. A luta socialista é um projeto ambicioso, e uma das tarefas centrais de uma organização séria é a formação de lideranças.

Líderes são movidos por muitos impulsos, entre eles a ambição. Ambição política, determinação ou comprometimento não são incompatíveis com desapego pessoal. Tudo na vida é uma luta. As ambições dentro de um coletivo, quando equilibradas, contra-arrestadas e freadas pelo autocontrole, respeito e lucidez, cumprem um papel dinâmico. Desagregador é o excesso de orgulho, arrogância ou prepotência.

Falar mal dos outros traz alívio e é algo socialmente aceito. Entretanto, o respeito deve prevalecer. Parece haver algum consenso científico de que os desabafos, mesmo as fofocas, são em algum grau uma forma de manter os conflitos pessoais dentro de limites toleráveis. Seriam um tipo de solução para preservar em um nível aceitável a convivência em um grupo social relativamente fechado. Em resumo, parece que os mexericos seriam funcionais. Mas tudo tem seus limites.

Um ambiente de intrigas permanente resulta em desmoralização pessoal e até em fragmentação política. Desmoralizações provocadas por derrotas políticas e sociais são, em grande medida, inevitáveis. Em uma luta de longa duração, há um processo de desgaste pessoal. Nossa vida passa por incontáveis desafios, e ninguém tem energia ilimitada. Nossa capacidade de entrega e doação oscila, aumenta, diminui, avança e recua. Mas a desmoralização provocada por disputas pessoais é deplorável e muito triste.

Reuniões são a forma de estabelecer o trabalho em equipe. Sim, a luta pela revolução impõe a necessidade de reuniões em que debatemos ideias e dividimos tarefas. Por isso, são insubstituíveis.

Os dez critérios mais simples para um bom funcionamento de organismos são:

1. Só funcionam os organismos que têm um responsável pela preparação da reunião.
2. Toda reunião bem-sucedida deve ser um processo coletivo de aprendizagem e formação.

3. Só são produtivas as reuniões que têm uma pauta adequada.
4. São boas apenas as reuniões em que a participação é possível, portanto o tamanho dos organismos não é aleatório.
5. Trabalho em equipe exige disciplina, o que se aprende.
6. Não é razoável participar de reuniões com fome, com sono ou doente.
7. Reuniões não devem ser um bate-papo ligeiro nem um seminário infindável, e não podem terminar sem divisão de tarefas.
8. Não se deve repetir o que já foi dito.
9. Não é preciso falar sobre todos os assuntos.
10. O trabalho em equipe só é possível com respeito às regras de boa conduta.

Não precisamos ser todos amigos pessoais uns dos outros.

Mas devemos ser camaradas.

A MARGINALIDADE

Ser de esquerda no Brasil é ser parte de uma minoria. E não é fácil ser uma minoria por muito tempo. Ser uma minoria é estar à margem do fluxo majoritário de opiniões. Precisamos conversar sobre as causas e consequências dessa condição de relativa marginalidade. A experiência de ter nossas opiniões sistematicamente desaprovadas e refutadas gera desgaste. A crítica às nossas ideias não é o mesmo que a rejeição a nós, mas é uma experiência emocional difícil. Há um dano. Onde há dor, há medo da dor e, portanto, há reflexos defensivos. Um dos perigos é a preventiva autocensura interiorizada.

Diferente de alguns países vizinhos, a imensa maioria da sociedade brasileira, mesmo se considerarmos apenas a classe trabalhadora, não tem uma definição ideológica. Defender o socialismo provoca alguma perplexidade.

Ser militante de esquerda é ainda mais estranho. Sejamos francos uns com os outros. Ter um compromisso político, participar de sindicatos, movimentos e partidos e manter uma atividade consistente na construção de uma ferramenta coletiva desperta curiosidade, mas também dúvida nos nossos locais de trabalho e estudo, para não falar no ambiente familiar. Há um estranhamento.

Aqueles que nos cercam podem até admirar a abnegação e o desprendimento, mas não é incomum que militantes sejam observados com alguma suspeita. Quem nos rodeia fica interessado, mas desconfiado. Em algum momento nos perguntam: "o que você ganha com isso? Você quer ser candidato?". Quando dizemos que não, ficam desconcertados.

Mas pode ser pior. Porque a esquerda radical é uma minoria dentro da minoria. Aí é ainda mais complicado. Estar o tempo todo defendendo ideias revolucionárias contra a corrente deixa sequelas. Estamos sempre argumentando com aqueles que nos cercam, porque desejamos convencê-los da legitimidade da luta que defendemos, mas eles nos contrariam, o que nos desgasta e endurece. É inevitável amadurecer depressa. Se começamos a militar muito jovens, o que é mais comum, amadurecemos muito depressa. Também endurecemos com rapidez.

Mesmo que a maioria das pessoas com quem mantemos relações seja gentil, o que nem sempre acontece, ela não concorda conosco na maior parte do tempo e sobre a maioria dos temas. E, como somos militantes, devemos tomar a iniciativa de procurar as discussões. Sabemos que precisamos ser persuasivos, mas não podemos ser invasivos nem abruptos. Uma boa atitude exige paciência e perseverança. A verdade é que um trabalho de base sério e constante para organizar e mover pessoas é exaustivo e cansativo. Todos nós temos limites.

Ser convincente exige domínio do que se defende. A insegurança se transforma facilmente em exasperação. E ninguém gosta de conversar com quem está zangado o tempo inteiro. O conhecimento exige tempo, portanto estudo, disciplina e uma educação política permanente, porque a luta socialista é uma maratona. A revolução não está na próxima esquina. Ser militante é um aprendizado para a vida, porém não é indolor. Manter o equilíbrio emocional é indispensável.

Outra vez, pode ficar pior. Porque quanto mais e melhor explicamos nossas ideias, menos as pessoas concordam. Porque não acreditam que seja possível, porque têm medo ou por outras razões. É assim em condições normais de dominação capitalista. Mais grave em uma situação reacionária como agora, quando as ideias revolucionárias são ainda mais minoritárias. Defendemos um projeto grandioso, mas muito difícil de conquistar.

Pouquíssimos concordam conosco. Como estamos em minoria, é inevitável que prevaleça uma tendência de dialogarmos entre nós mesmos. É muito mais confortável estar entre aqueles que pensam como nós.

Essa pressão nos encerra em uma "zona de conforto". Mas isolados. Ou prisioneiros de uma perigosa dinâmica que acentua a condição de uma comunidade fechada, o que só pode agravar a condição de marginalidade. O isolamento crônico é fatal. Em resumo, tornamo-nos involuntariamente sectários. E quando consolidamos uma mentalidade sectária, nossas posições políticas vão aos poucos sendo contaminadas, porque perdemos a lucidez.

Sectários "profissionais" já nem se esforçam para sair da condição de marginalidade. Ao contrário, "racionalizam" a marginalidade. Adaptam-se a ela. Assim, organizações com verdadeiro impulso revolucionário reduzem-se a círculos de propaganda estéreis que perdem os reflexos políticos. Diminuem-se à condição de grupos literários que escrevem ideias apenas para si mesmos. Ossificam testemunhas e comentaristas da realidade como "partidos-museu".

Atingido esse estágio, toda conversa com quem expresse uma diferença, frequentemente tática, transborda em uma discussão desproporcional. Não se valoriza nem mesmo o respeito por quem defende ideias que são, em grande perspectiva, muito parecidas com as nossas. Ao contrário, intensifica-se a rivalidade com quem está mais próximo. E assim, pelo caminho da intolerância, militantes que poderiam lealmente atuar e construir lutas juntos perdem a mais elementar camaradagem, deixam de ser cumprimentar e se desmoralizam.

Podemos ser melhores do que isso. Existe outro caminho. A ousadia de nos transformar na luta pela mudança política da sociedade é o contrário da acomodação. Exige, em primeiro lugar, uma conexão com a realidade e muita disposição para participar de lutas, mantendo, portanto, vínculos saudáveis com a militância de esquerda de outras correntes, porque felizmente não somos os únicos revolucionários; em segundo, requer mente aberta, curiosidade intensa e desejo de aprendizagem sincera, portanto apreço pela teoria e capacidade de admitir os erros sem excesso de dramatização; por fim, demanda um internacionalismo vivo, de quem compreende que o destino da causa socialista não tem fronteiras.

E exige a valorização da fraternidade entre nós.

A RENOVAÇÃO DAS LIDERANÇAS

Precisamos discutir com maturidade sobre a renovação dos líderes de esquerda. Há duas dimensões diferentes na questão: uma reorganização das organizações e uma substituição de quadros. A reorganização pela esquerda tem sido um processo lento e de vanguarda, pleno de oscilações, que remete à experiência do ativismo mais radicalizado, desde 2013, com a direção do PT.

E dependerá essencialmente da dinâmica de uma nova onda de grandes lutas de massas, quando ela chegar. Terá que ser a "quente". A mudança de referência das massas não se completa a "frio" em uma situação reacionária, portanto defensiva. Para que uma nova direção possa se afirmar, tem de passar pela prova de grandes combates e vitórias.

A outra dimensão é a renovação de quadros nas organizações existentes. Com razão encontramos muita insatisfação, até frustração acumulada, com o excesso de homens de classe média, brancos, envelhecidos e héteros, não poucos paulistas, à frente da maioria das organizações. Há também cansaço e desconfiança em relação a lideranças que se perpetuam ao longo de décadas nas posições dirigentes, à frente de mandatos sindicais ou parlamentares, ou de cargos.

Novas lideranças de operários e jovens intelectuais, mulheres e negros, indígenas e LGBTQIA+, assim como ativistas do Nordeste e Norte, estão ocupando seu lugar desde 2013 em uma revolução geracional. Movimento que talvez só possa ser comparado ao ocorrido quarenta anos atrás, nos idos de 1979-1983, com a onda de fundação do PT e da CUT. Nenhuma revolução é indolor.

O critério de representação é necessário e legítimo, porque é uma inspiração para os explorados e oprimidos. Mas não devemos ser ingênuos. A burocratização dos sindicatos revela que uma origem social proletária não é o suficiente. Precisamos de mais e, sobretudo, melhores dirigentes. São dois problemas diferentes, mas indivisíveis, porque uma massa crítica importante, quantitativa e qualitativa, é indispensável para que grandes talentos amadureçam.

A classe trabalhadora nunca precisou tanto de revolucionários profissionais. Uma velha brincadeira entre nós era dizer que tinha muito cacique para pouco índio. Mas nunca foi assim. Na verdade, com oscilações, sempre tivemos um déficit na formação de lideranças. A esquerda brasileira organiza, relativamente, uma militância muito menor que sua influência na sociedade permitiria. Isso decorre da debilidade estrutural na formação de quadros. Mais recentemente, prevalece a ideia de militância como doação voluntária ocasional.

Os chefes políticos que representam os interesses do capitalismo são quadros muito especializados. A burguesia brasileira leva a sério a formação de suas lideranças. Deixou de investir somente no improviso e no amadorismo das velhas dinastias hereditárias. Surgiram muitas incubadoras financiadas pelos maiores milionários. São quadros formados nas melhores universidades e treinados, desde jovens, para o exercício da carreira política, seguindo modelos de seleção norte-americanos e europeus.

Ser um profissional da revolução não é o mesmo que ser um funcionário político de um aparelho. Claro que a idealização de dirigentes de ferro, os homens de aço – caricatura vulgar e deformada do bolchevismo com forte inspiração militar –, fez estragos terríveis. Longas profissionalizações, necessárias quando a existência de organizações revolucionárias era ilegal, eternizam acomodação e maus hábitos. Há funcionários que não são profissionais da revolução, e profissionais da revolução que trabalham para viver.

Revolucionários profissionais são aqueles que defendem a necessidade de uma revolução, mas muito mais do que isso. A dedicação de suas melhores forças, a concentração de suas energias, o sentido de sua vida está orientado para a luta revolucionária. Isso significa a disposição de assumir responsabilidades. Esse deve ser o primeiro critério na seleção de quadros.

Mas como julgar a qualidade dos dirigentes? Existe uma régua? Quais são os critérios? Essa discussão é um tema clássico inescapável. Ressurgiu nos últimos meses, mais uma vez, nas comparações entre Trótski e Stálin.

Devemos considerar quais são os critérios. Uma variável é a tenacidade, inteligência, coragem, enfim, a capacidade. Há que considerar também a personalidade: forte ou fraca, agregadora ou conflitiva, doce ou áspera, narcisista ou modesta, estável ou perturbada. Não se pode deixar de avaliar a experiência e o repertório. A trajetória são as provas dadas; o nível teórico político é a formação. Não se deve ignorar o desempenho, o balanço ou os resultados alcançados.

É perigoso, porém, negligenciar o caráter. O caráter remete à índole da pessoa, ao seu modo de ser, à qualidade moral, à integridade, ao domínio de si mesmo, enfim, ao temperamento. A idealização de um mundo em que só há gente boa não é razoável, muito menos é uma premissa socialista.

Qualquer organização humana tem o direito e o dever de se proteger, de decidir quem pode ser membro dela. Integrar uma corrente socialista significa aceitar que qualquer um pode ser criticado, julgado e, por vezes, punido, até com a exclusão. Também significa, evidentemente, o direito irredutível de se defender, porque não é incomum que as diferenças de opinião, os choques de personalidades, transbordem em rivalidades pessoais nocivas para o coletivo. Há uma dialética nos processos de seleção de quadros. A ausência de autocontrole é o caminho da autodestruição de qualquer organização.

Quando absolutizado, qualquer um desses critérios é unilateral e destrutivo. Quadros com grande aptidão e disposição muitas vezes ficam pelo caminho, pelas mais variadas razões, enquanto outros, menos capazes, se impõem, em um processo de seleção que pode ser cruel e regressivo, um "antidarwinismo". Sempre teremos que considerar o peso objetivo das derrotas, que pode ser devastador, e o custo subjetivo dos desgastes pessoais, que pode ser desolador.

Não podemos esquecer que as organizações de esquerda são coletivos em que devem ser construídas equipes de direção. As figuras públicas ocupam um lugar destacado, mas são somente os porta-vozes das correntes, movimentos e partidos. Ser um porta-voz oferece visibilidade e peso político desproporcionais. Em uma equipe, há lugar para quadros com as mais diferentes habilidades: parlamentares, sindicalistas, intelectuais, agitadores, propagandistas, teóricos, organizadores.

As posições da organização devem resultar do debate e de votações. Não há lugar para caudilhos em um regime interno saudável. Ninguém é infalível. Ninguém é especialista em tudo. Não pode haver um chefe, porque o sujeito político é uma organização coletiva, sustentada por uma militância voluntária.

Mas, ainda que a direção seja um coletivo, surge o problema da liderança da liderança, ou do centro da direção. Ou seja, dos dirigentes que têm a tarefa de preservar a união dos quadros. A solução pode passar por um pequeno coletivo, na forma de trio ou dupla. A pior solução é que apenas uma pessoa assuma a responsabilidade de conduzir a equipe de direção. Podemos aprender com as tragédias do século XX.

Em uma de suas últimas participações em reuniões do Comitê Central Bolchevique, já rompido politicamente com Stálin, Bukharin tomou a palavra e, em tom de brincadeira, "teorizou" a classificação da história em três grandes eras: o matriarcado, o patriarcado e o secretariado. Pagou com a vida pela insolência provocativa.

Contudo, podemos ser leninistas do Brasil, e portanto um pouquinho de irreverência deve ser bem-vinda. Podemos rir de nós mesmos sem nos diminuirmos.

A SEGURANÇA

Precisamos refletir sobre os problemas de segurança na esquerda. Temos muito a aprender com o que aconteceu a partir de 2013, sobretudo depois do assassinato de Marielle Franco, que permanece impune. Não se trata de paranoia ou mania de perseguição. Um mínimo de juízo e lucidez deve nos alertar para uma realidade grave: estamos muito atrasados e despreparados.

É certo, indiscutível e incontornável que estamos em uma situação política reacionária sem paralelo com nenhuma conjuntura desde o fim da ditadura militar. Está no poder em Brasília um governo de coalizão de extrema-direita, cujo eixo é uma corrente neofascista liderada por Bolsonaro. Toda a esquerda está potencialmente em perigo.

A ameaça não vem somente da política do Estado e de seus serviços de inteligência e repressão. Também vem de forças neofascistas e provocadores lumpens que às vezes atuam individualmente, às vezes em pequenos grupos que ninguém controla.

O contexto mais geral dessa vulnerabilidade é que, pela primeira vez na história no Brasil, uma democracia liberal completou 35 anos. Seria ingênuo ignorar que uma geração chegou à vida adulta sob a vigência desse regime semipresidencialista, com calendário eleitoral consolidado. Uma geração é o suficiente para que se tenha forjado uma mentalidade. A cabeça acompanha o chão que os pés pisam. Ou seja, a tendência à adaptação não deve ser subestimada. As pressões eleitoralistas são avassaladoras. Mas não são as únicas: estão inseparáveis das pressões ideológicas que idealizam a solidez das liberdades democráticas e civis.

Não sabemos ainda se as últimas três décadas foram apenas um intervalo histórico. Talvez sim, talvez não. Devemos manter a mente aberta para diferentes possibilidades. Uma delas é que a repressão contra a esquerda pode aumentar.

Sejamos honestos. Não temos estrutura de defesa alguma. Nenhuma. A segurança de nossos comícios, marchas e passeatas é de uma precariedade assustadora. Não só não organizamos qualquer autodefesa ao preparar nossas atividades como perdemos os reflexos mais elementares de uma cultura de segurança. Nossa orientação deve ser, portanto, rigorosamente defensiva. Precisamos evitar situações que coloquem os militantes em risco desnecessário. Isso exige, em primeiro lugar, um mínimo de autodisciplina mutuamente acordada.

A disciplina política tem uma má reputação hoje em dia. Muitas razões explicam sua impopularidade. A mais importante é a burocratização das organizações sindicais e populares e, sobretudo, a deformação dos principais partidos de esquerda. Organizações políticas sérias são disciplinadas. A disciplina é indispensável para uma intervenção política eficaz. Sem disciplina, não há cultura de autodefesa e segurança.

Os procedimentos de segurança evidentemente mudam com o tempo. Mas o maior perigo de segurança permanece sendo a provocação. A forma mais sinistra de ação provocadora é a infiltração, porque é a mais eficaz.

Temos uma montanha de informação disponível sobre a presença de agentes no interior de organizações de esquerda durante a ditadura militar e ainda ativos ao final dos anos 1980 e início dos anos 1990. Sua ação foi decisiva para a repressão. O antigo Serviço Nacional de Informação (SNI) tinha a maior folha de pagamento do Brasil. É uma inocência infantil imaginar que os atuais serviços de inteligência sejam menos preparados e ativos.

A partir de 2013, vimos como as operações policiais de infiltração são eficientes. O episódio absurdo das prisões no Centro Cultural São Paulo (CCSP), em 2016, não deve ser avaliado como um caso isolado. A ação de um capitão vinculado ao serviço de inteligência do Exército nunca foi explicada. Revelou apenas a ponta de um iceberg. Podemos, portanto, considerar seriamente que movimentos, sindicatos, partidos e correntes estão sob vigilância contínua. Devemos concluir que estão também infiltrados por provocadores.

Há muitas e variadas medidas em nosso repertório de experiência que podem ser encaminhadas. A esquerda precisa de um sistema mínimo de defesa unificado. Precisamos para ontem, tanto em escala nacional como regional, começar a lutar juntos, como deve ser uma frente única de esquerda antifascista.

O FRACIONALISMO

O fracionalismo remete às relações desleais de alguns com o coletivo em que decidiram voluntariamente participar.

O que é o fracionalismo? É a formação de uma camarilha. Na aparência, é uma fração indissolúvel. Mas essa é somente a forma do fenômeno, quando um grupo de militantes, por laços pessoais e interesses próprios, atua, vota e luta, invariavelmente unido, pela direção da organização, mesmo quando os membros têm ideias diferentes. O fracionalismo pode ser da minoria contra a maioria, ou o contrário. Sim, a maioria de uma direção pode se deformar em camarilha.

A questão não deve ser simplificada como apetite pelo "poder". A volúpia do prestígio é evidentemente nociva: entusiasmo, vigor e potência individual devem ser moderados para servir ao coletivo. Quando se luta para conquistar a direção apenas para promover alguém a qualquer preço, sem acordo em torno de uma plataforma, está-se diante de uma conspiração, de um comportamento fracional.

Camarilha é o nome de um grupo no qual as ideias são desconsideradas e desvalorizadas em função do seguidismo de uma liderança. Líderes fracionais atraem bajuladores.

Descrever um fenômeno não é o suficiente para explicá-lo. A forma de um comportamento revela, mas também oculta, a sua natureza. O ato de uma pessoa é a aparência de sua motivação. O perigo da politização excessiva é reduzir o fracionalismo a uma explicação sociológica. Evidentemente, as pressões sociais hostis são muito poderosas. As pessoas podem sucumbir a pressões materiais e ideológicas estranhas à luta socialista. Mas não se deve diminuir a dimensão subjetiva dos conflitos da experiência militante como uma vivência entre pessoas. Organizações são coletivos imperfeitos, construídos por pessoas complexas. São, portanto, complicadas.

O fracionalismo tende a aumentar após grandes derrotas, em situações desfavoráveis na luta de classes, quando a desmoralização aumenta. O perigo é ainda maior porque, em conjunturas adversas, a desconfiança também tende a crescer simetricamente, assim como, no limite, reflexos defensivos e até paranoias. O fracionalismo e a desconfiança excessiva são fatores que ajudam a compreender a extrema fragmentação na qual nos encontramos.

Relações desleais não são o mesmo que relações conflitivas. A luta é a essência da vida política. A militância é uma contínua luta de ideias e propostas. Tem dimensão externa, mas também interna. Entrar em uma organização política significa o compromisso consciente de defender ideias e um projeto. O impacto de um programa aumenta quando há pessoas disciplinadas que o defendem. E diminui, evidentemente, com a liberdade individual de fazer o que cada um quer.

Não é possível construir coletivos em que não haja conflitos. Eles são inexoráveis. Por isso, toda organização séria e saudável estabelece regras para solucioná-los. O nome dessas regras é o estatuto.

As regras devem ser claras. O estatuto deve ser bem conhecido por todos. Conflitos de opinião e de comportamento são normais. Organizações monolíticas são inflexíveis e rígidas. Na esquerda, com o tempo, viram partidos-museu. A deformação do partido-fração é expressão de marginalidade social e mentalidade sectária.

Em organizações dinâmicas, as disputas, discordâncias e lutas devem ser encaradas com normalidade, portanto com calma, paciência e tranquilidade. A pluralidade de experiências se expressa em pluralidades táticas. Devem ser bem-vindas, dentro das regras acordadas, como refrações de pressões que precisam ter o seu lugar. As regras podem e devem reconhecer o direito de formação de tendências e até, extraordinariamente, de frações, quando as diferenças justificam. O coletivo se mantém protegido pelo reconhecimento mútuo dos membros, dos seus direitos e também dos deveres. Não pode haver direitos sem deveres nem deveres sem direitos. Deve-se considerar também os limites das relações de respeito. A polidez é um valor.

Organizações coletivas não se destroem de baixo para cima. A divisão começa de cima para baixo. Nem todas as rupturas se explicam, evidentemente, por comportamento fracional. Muitas divisões acontecem porque, diante de mudanças na realidade, amadureceram diferenças que se tornaram irreconciliáveis.

A confiança pessoal é muito importante na esquerda. Uma militância socialista deve se sustentar na força de ideias, não em recompensas materiais. Deve ser uma doação desinteressada, despojada, altruísta. Essa aposta tem grande intensidade emocional. Entrar em uma organização socialista é iniciar uma experiência em uma fraternidade engajada. Esse compromisso gera expectativas muito elevadas. É compreensível que alimente idealizações ingênuas. É muito triste quando discussões políticas degeneram em duelos fracionais. O desgaste humano é desolador, e pode ser até irreparável.

É especialmente triste, porque na esquerda tende a prevalecer gente bacana e decente. Em grande medida, é inexorável um processo de seleção em que os mais abnegados permanecem. Afinal, algum sacrifício é necessário. Mas em qualquer corrente política há todo tipo de pessoas. Há militantes que adoecem. Não é simples manter a saúde emocional no mundo em que vivemos, cercados de sofrimento psíquico. E também há, ainda que excepcionalmente, gente de mau caráter, desonesta.

Existem, portanto, militantes que são fracionais crônicos. São incorrigíveis. Não conseguem se integrar a equipes em que há outros militantes que são tão ou mais capazes do que eles. Precisam, necessitam e buscam se impor como o chefe, a grande personalidade dentro do grupo. Fracionalistas depositam lealdade nas pessoas, portanto, uns nos outros acima de tudo.

O CANCELAMENTO OU ESCRACHO

Já passou da hora de a esquerda estabelecer como critério que o escracho de militantes nas redes sociais tem que acabar. O método do escracho tem que ser banido.

O que é o escracho? É a desqualificação pessoal de outro militante. Trata-se do ataque *ad hominem*. O escracho intimida o outro. Todo escracho é uma perseguição.

Trata-se de uma tentativa de desmoralizar aqueles com quem não concordamos. É o desrespeito, o insulto, a injúria, a avacalhação, o deboche. É uma forma de canibalismo político e é sempre um método errado. Ao considerar a gravidade da situação brasileira, em que toda a esquerda está ameaçada por um governo liderado por uma ala neofascista, o escracho é ainda mais intolerável. Por esse caminho, seremos todos inimigos uns dos outros. Os excessos devem ser suprimidos, proibidos, eliminados.

Podemos abraçar o critério de que as pessoas são maiores do que as ideias que defendem. Reconhecer que as pessoas são maiores que suas posições nas organizações em que participam significa abrir a mente à ideia de que militamos todos juntos no movimento socialista, portanto compartilhamos um campo de classe.

As polêmicas na rede são bem-vindas, porque o debate de ideias com argumentos é educativo. Mas excesso de paixão em um debate de ideias é fanatismo. Podemos elevar a crítica ao nível da discussão teórico-programática. Podemos ser rigorosos e cuidadosos com as palavras quando nos referimos aos outros.

A cultura da tolerância e da consideração mútua precisa ser impulsionada pelas lideranças de todas as correntes. Não há elaboração coletiva sem luta de ideias. Toda discussão é uma crítica e, portanto, uma polêmica. Porque não há elaboração coletiva sem democracia interna em uma organização. Se a elaboração não é coletiva, ouvimos menos e erramos mais.

Todos nós mudamos de ideia, o que não diminui ninguém. Somente pessoas com transtorno narcisista têm ambições de onipotência. Uma discussão marxista séria e adulta deve ser fundamentada em fatos e argumentos. Se hoje estamos contra as posições defendidas por um militante ou uma corrente, amanhã podemos estar de acordo.

O escracho é destrutivo, doentio, danoso. Mas funciona. Por isso é tão difícil erradicar essa conduta degenerada.

A SAÚDE MENTAL

Precisamos conversar sobre a nossa saúde mental em tempos de pandemia e confinamento. Ninguém é de ferro. A subjetividade de cada um de nós, ou a compreensão de nosso lugar no mundo e dos nossos sentimentos, tem enorme importância. Seria ingênuo imaginar que aqueles engajados na militância estariam imunes a todas as pressões que nos cercam. O tema tem importância por si só. Mas passou a ser prioritário nas circunstâncias atuais.

O isolamento no casulo doméstico e as condições extremas impostas por uma nova disciplina social aumentam a sensibilidade, a irritabilidade e a vulnerabilidade. O perigo real de uma tragédia anunciada no horizonte próximo, senão um holocausto com número medonho de vítimas, é inquietante. Agrava nossa percepção de desamparo, solidão e fragilidade. A depressão pode atingir qualquer um.

Nosso equilíbrio psíquico e nossa disposição emocional dependem de como nos adaptamos às novas circunstâncias. Devemos ter consciência das mudanças inevitáveis na dimensão afetiva da vida. Ninguém está livre de algum grau de sofrimento mental. Vai doer, infelizmente. Sentiremos ansiedade, angústia e até desespero. E temos que aprender a nos proteger para que nossas neuroses não se agravem como transtornos.

A pandemia e as restrições impostas pelo distanciamento social incidem em nosso humor. A resiliência de todos e cada um de nós foi posta à prova. Esse tema não pode ser tabu. Podemos e devemos nos cuidar. Entramos em um período no qual nossas relações sociais só são possíveis pelo mundo virtual.

Muitas demandas afetivas foram frustradas. A frustração tem consequências. Uma reação possível é o hiperativismo na internet, o estado de reunião permanente.

Não é razoável passar ininterruptas horas em frente à tela do computador ou do celular em leituras e interações monotemáticas. É necessário estabelecer limites.

É indispensável construir uma rotina saudável. Além do trabalho doméstico e da atenção com aqueles que dependem de nós, também é preciso reservar tempo para nós mesmos: para falar com pessoas do núcleo íntimo de nossos afetos, fazer exercícios físicos, tomar um pouco de sol na janela ou na varanda, descontrair com a leitura de um livro, ver um filme ou série. Como temos muitos inimigos, e a luta cansa, estamos exaustos. Descansar é preciso. O descanso faz bem. A militância socialista é para maratonistas.

Há o perigo da desistência. O impacto dos acontecimentos fará muitos ativistas, organizados desde 2013, interrogarem-se sobre as escolhas que fizeram ao assumir a militância. Alguns passaram a ser ativos nos sindicatos ou no movimento estudantil, popular, de mulheres, de negros, LGBTQIA+ etc. Não poucos se perguntarão nas próximas semanas se não deveriam cuidar da própria vida. O contexto reacionário já era muito ruim antes do coronavírus e deixou muito desgaste. As derrotas sociais e políticas pesam sobre os destinos de todos.

O desgosto, a amargura e a aflição da militância engajada na luta de classes foram grandes nos últimos cinco anos. Aumentou o desânimo, a desesperança e o desalento. Não fosse o bastante, nossa vida material vai piorar. O contexto em que estamos não ajuda. Por variadas razões, desde 2015 viemos acumulando derrotas. Mas uma militância séria exige consistência. Não podemos sustentar um compromisso apoiado somente na expectativa de vitórias iminentes.

Não devemos enganar a nós mesmos. Admitir que a situação é reacionária não deveria abater nossa força moral. As conjunturas mudam. O pessimismo é mau conselheiro. Análises não devem ser nem pessimistas nem otimistas, mas realistas. O objetivo de uma análise é compreender a realidade. Análises não podem ser instrumentos para manter o ânimo da militância. Militância é o máximo voluntarismo apoiado em um projeto. A força de vontade é muito poderosa. Ela repousa em uma aposta. Sim, há incerteza. Mas só a luta muda a vida.

Apenas os indiferentes não vão sofrer. A indiferença em um grau que incapacita a compaixão é um sintoma de distúrbio psíquico. Quando se consolida em mentalidade política, essa doença é uma monstruosidade. Infelizmente, vivemos em uma sociedade que não é somente injusta, mas doente.

Mas não é verdade que os reacionários são loucos. A doença mental não escolhe ideologia. Reacionários são aqueles que defendem a preservação da ordem atual, por interesse ou por ideologia. Acreditam que o maior problema do Brasil é a desonestidade, a delinquência e a corrupção, não a desigualdade e a injustiça. Percebem a sociedade dividida entre as pessoas do "bem" e os outros. Defendem que o capitalismo funciona e as regras são corretas, mas as pessoas decepcionam. Defendem que há muitos direitos e poucos deveres. Devemos dizer o contrário. Há muitos deveres e poucos direitos. As regras são injustas. Devem ser modificadas e defender as pessoas.

O EMBRUTECIMENTO

> Também o ódio à baixeza
> Deforma as feições.
> Também a ira pela injustiça
> Torna a voz rouca. Ah, e nós
> Que queríamos preparar o chão para o amor
> Não pudemos nós mesmos ser amigos.
>
> Mas vocês, quando chegar o momento
> Do homem ser parceiro do homem
> Pensem em nós
> Com simpatia.
>
> Bertolt Brecht, "Aos que vão nascer"

Precisamos conversar sobre o perigo de nosso embrutecimento, porque estamos cercados de brutalidade. Surgiu no Brasil uma corrente neofascista, com influência sobre dezenas de milhões de pessoas, que defende ideias absurdas, cruéis e grotescas. Provavelmente, todos nós conhecemos alguém assim, quiçá em nossos círculos mais próximos. A luta política ficou muito mais dura. Ficou implacável. O que leva muitos a se perguntarem se a militância vale a pena. Afinal, ser militante é se expor, de alguma maneira, publicamente. Quem se expõe corre mais riscos.

O embrutecimento é uma forma de apatia, insensibilidade, indiferença, agressividade, alienação ou, quando realmente muito grave, boçalidade. Sei que em algum momento já nos perguntamos se a militância também não favorece o embrutecimento. Sim, há militantes que, infelizmente, embrutecem. Nenhum de nós está imune, trata-se de um problema real.

Mas renunciar à militância em tempos sombrios tem, também, severas consequências. A ansiedade que deságua na desmoralização ou no desespero é um perigo imenso. Não é possível esperar uma vida plena quando nos rendemos às pressões reacionárias que nos cercam.

O argumento destas linhas é que o embrutecimento pode ser evitado. A condição humana tem uma dimensão trágica: estamos cercados pelo medo, desgosto, injustiça, violência, loucura, doença e morte. Mas a vida também é trabalho, luta, amor e amizade. E podemos nos maravilhar com o encanto da natureza, a mágica do amor, a beleza da arte, a inteligência da ciência, a força da paixão política e tudo aquilo que oferece sentido à vida, inalcançável pelas palavras. A incerteza da luta socialista não diminui sua grandeza.

Na verdade, a militância é, em primeiro lugar, um ato de doação, desapego e altruísmo, o contrário de egoísmo e individualismo. É inspirador que a esquerda procure emulação na clássica frase poética de Che Guevara: "Há que endurecer, mas sem jamais perder a ternura".

As duas ideias parecem contraditórias, ou até incompatíveis, mas não são. A luta nos transforma. Toda luta envolve o risco da derrota, da perda, da desmoralização. Endurecer é ganhar resiliência e solidez e, por isso, é árduo, difícil. Mas não precisamos ficar amargos, ásperos, azedos, impiedosos, ressentidos ou desumanos. Podemos ficar mais fortes sem perder o afeto.

Mudar é deixar de ser. Deixar de ser não é indolor. E sim, a dor nos endurece. Porque temos medo das perdas. Não há como manter um engajamento sério sem perder ilusões ingênuas. Endurecer é amadurecer. Não há mudança pessoal sem crise. E é possível crescer sem embrutecer. Alguns se aproximam da causa socialista porque se opõem ao mundo existente, mas não aderem à perspectiva coletivista.

O coletivismo é um dos pilares graníticos da causa socialista. Integramos um movimento ou organização de esquerda com a disposição de construir relações de cooperação e solidariedade, aceitando, portanto, nossa transformação pela interação com o outro. Alguns se unem à esquerda a partir de uma radicalização, até extremista, contra a ordem do mundo, mas desconfiam da pressão coletivista que é inerente a um programa igualitarista. Pode prevalecer uma atitude individualista semianarquista imatura, "silvestre".

Ninguém se transforma sozinho. Isso é uma ilusão de onipotência. Não há transformação doce, suave, meiga, indolor. Só mudamos quando entramos em crise e, em primeiro lugar, ficamos insatisfeitos com nós mesmos. O gatilho da mudança é a interação com os outros e a disposição interna, subjetiva, de querer ser melhor. Crises são perda e oportunidade. Querer que os outros nos aceitem tal como somos é um anseio justo, porque a liberdade individual é um valor intrínseco de respeito mútuo à dignidade do outro. Mas é também ingênua.

Militância é luta e transformação permanente. Quando nos transformamos, nos separamos de quem éramos. Mas gostamos de pensar que somos sempre os mesmos. Não somos. Não é possível uma militância consistente sem mudanças. A idealização de que somos quem somos é narcisista. Isso é verdade enquanto as mudanças são quantitativas, porém, a partir de determinado ponto, são qualitativas. A romantização do passado é sempre atraente, mas ingênua. A cada instante estamos diante de uma mudança que nos faz avançar ou recuar.

São quatro fatores-chave que condicionam uma militância consistente de longa duração: a opção de classe; a força moral; a clareza político-ideológica; e a participação na luta popular. A opção de classe é natural para aqueles que nasceram e cresceram em um ambiente proletário popular. A força moral depende, fundamentalmente, da integridade de caráter. A clareza político-ideológica se aprende pela educação. A auto-organização em um movimento é uma decisão política.

A origem de classe não é um destino. É uma condição que favorece, mas é insuficiente, porque é inevitável querer melhorar de vida. A força moral se adquire com a indignação que aflora diante da injustiça que nos cerca, mas não é suficiente, porque mesmo pessoas bacanas se cansam. A formação teórica se aprende, contudo, as ideias poderosas não são mais fortes que a pressão dos interesses. O que é decisivo é a imersão na luta de classes, porque compartilhamos com os outros os medos, riscos e sacrifícios, e também as alegrias, ousadias e entusiasmos.

A expectativa socialista repousa na esperança.

Ela é o sopro da vida que nos faz respirar.

O ANTI-INTELECTUALISMO

Precisamos refletir sobre um assunto delicado, mas inescapável: o anti-intelectualismo entre os trabalhadores e na própria esquerda. Ganhou repercussão uma pesquisa que revelou que 11 milhões ou 7% dos brasileiros acreditam que a Terra é plana[1]. Ainda é muito grande a desconfiança das vacinas e o negacionismo do aquecimento global. Algo em torno de 35% da população diz desconfiar da ciência[2]. As desigualdades educacionais e culturais no Brasil são tão abismais quanto as econômico-sociais. A escolaridade média está em torno de oito anos, e um terço da população com quinze anos ou mais é semiletrada[3]. O assunto é inescapável por muitas razões. A primeira é que uma esquerda que não esteja implantada entre os trabalhadores não tem futuro. Mas o mais importante é que uma militância séria não se sustenta muito tempo sem educação. As organizações de esquerda precisam ser centros de formação. E isso

---

[1] A crença de que a Terra é plana se revelou inversamente proporcional à escolaridade. Enquanto 10% das pessoas que deixaram a escola após o ensino fundamental defendem o chamado terraplanismo, essa parcela diminui entre os que estudaram até concluir o ensino médio (6%) ou superior (3%). Ver Rafael Garcia, "7% dos brasileiros afirmam que Terra é plana, mostra pesquisa", *Folha de S.Paulo*, 14 jul. 2019. Disponível on-line.

[2] Helena Borges, "Um terço dos brasileiros desconfia da ciência", *O Globo*, 21 jun. 2019. Disponível on-line.

[3] Três em cada dez jovens e adultos de 15 a 64 anos no país (29% da população, o equivalente a cerca de 38 milhões de pessoas) são considerados analfabetos funcionais. Esse grupo tem muita dificuldade em entender e se expressar por meio de letras e números em situações cotidianas, como identificar as principais informações em um cartaz de vacinação ou fazer contas de uma pequena compra. Ver *Veja*, "Três em cada dez são analfabetos funcionais no país, mostra estudo", 6 ago. 2018. Disponível on-line.

é delicado porque, embora a imensa maioria dos ativistas seja consciente da debilidade de sua formação, admitir nossa ignorância é sempre constrangedor.

Todas as grandes organizações socialistas da história foram um encontro de trabalhadores, jovens e intelectuais. Militantes de origem operária devem se transformar em intelectuais populares. E intelectuais precisam se transformar em ativistas militantes. Todos podem se alimentar do entusiasmo, da ousadia e da coragem dos jovens. Ninguém é inferior a ninguém.

O que é o anti-intelectualismo? É uma mentalidade e uma atitude. Manifesta-se, com graus diferentes, em duas reações opostas, porém complementares. Por um lado, fascínio, espanto e até deslumbramento; por outro, suspeita, rancor, pé-atrás ou até aversão à ciência e à cultura. Concretiza-se, sobretudo, porque as pessoas, e não as ideias, despertam sentimentos poderosos. Há desconfiança ou até hostilidade em relação aos intelectuais profissionais, que são percebidos como arrogantes, pretensiosos e pedantes. Isso não é incomum. Intelectuais de esquerda estão refugiados nas universidades. O ambiente favorece um idioma próprio, obscuro, ininteligível, hermético, "talmúdico".

Há muitas formas de conhecimento, e o preconceito é um péssimo critério. Todas as formas de conhecimento são úteis entre socialistas. A mente humana está sempre ativa, e um fluxo de consciência contínuo, ininterrupto e indivisível associa ideias a emoções. Essa é a linguagem da inteligência em todos nós, independentemente do grau de instrução. Ativistas com pouca educação formal podem ter brilhante capacidade de concentração e reflexão, decisiva para a solução de problemas. O conhecimento também começa como intuição, ou associação de uma herança cultural com a experiência concreta. A ciência se distingue, essencialmente, pelo rigor de seu método. Esse procedimento é muito útil.

O anti-intelectualismo é um dos fatores de desmoralização, renúncias e quebras na militância. É inevitável o cansaço diante de uma luta de longa duração, com suas forçosas inflexões desfavoráveis. Descansar é uma necessidade humana, e não diminui ninguém. Desistir não é uma solução contra o cansaço. É uma rendição diante das derrotas. Entretanto, mesmo as derrotas mais severas são sempre transitórias. A perseverança e a resiliência se aprendem. Podemos nos apoiar no impulso das lutas quando a situação é de ascensão. Mas precisamos da força das ideias quando estamos em refluxo. Os intelectuais não são superiores, porém são indispensáveis.

A questão não é secundária, porque há lugar para todos na luta pelo socialismo. Precisamos de mais intelectuais simpáticos à luta contra o capitalismo. Intelectuais são um grupo social. As classes não são homogêneas. Têm estratificações variadas. A classe mais homogênea do mundo contemporâneo é a trabalhadora, que ainda assim tem importantes estratificações internas. O marxismo reconheceu a existência de grupos sociais que, pela sua especificidade, desenvolvem interesses próprios e atitudes mais ou menos comuns diante do mundo, como os religiosos, os policiais, os lumpens e os intelectuais.

A maioria da intelectualidade também desconfia das camadas operárias e populares. As dúvidas e inseguranças são, portanto, mútuas e recíprocas. Mas também é verdade que, há várias décadas, e pelo menos nas últimas quatro gerações, uma parcela da intelectualidade, ainda que minoritária, se uniu à causa do socialismo. Centenas de escritores, cientistas, atores, advogados, arquitetos, médicos e artistas se aproximaram das lutas operárias e populares. Como explicar, então, a influência do anti-intelectualismo na militância?

Há um abismo entre uma minúscula minoria que tem acesso à alta cultura e um terço da sociedade que é iletrado. Os trabalhadores se sentem embaraçados com sua pobreza material, e ainda mais constrangidos com sua pouca instrução. Os intelectuais parecem ser pessoas diferentes. A semelhança é confortável e facilita confiança, empatia e identidade. A diferença é incômoda e alimenta estranheza, cautela e sobreaviso.

No entanto, felizmente o mundo mudou desde meados do século XX. A maioria dos trabalhadores manuais elevou em muito a sua escolaridade. Assalariados jovens podem ter feito até estudos pós-secundários. E a maioria dos intelectuais do século XXI não teve origem social burguesa, como no passado. São filhos das classes médias, assalariados, que vêm sofrendo muito com a terrível queda do seu salário médio. Podemos ser otimistas com essa colaboração. Não será uma relação sem conflitos, mas dela depende, também, o futuro.

A DESMORALIZAÇÃO

Um bom tema de conversa sobre a militância é a relação entre ativismo e felicidade. Por meio da militância procuramos autoemancipação, desalienação e plena realização. Toda aproximação infantilizada ao debate é deseducativa. Militar é defender ideias. Quem defende ideias e propostas corre o risco de errar. Errar traz sempre algum grau de sofrimento. Quando erramos, ficamos diante de uma encruzilhada na qual só há quatro respostas: desmoralização, autonegação, autoengano ou autocrítica.

A militância se sustenta na esperança de possivelmente transformar o mundo e diminuir a injustiça, a desigualdade, a exploração, a opressão e a tirania. A militância é uma resposta às condições políticas e sociais que perpetuam o sofrimento humano.

Há muitas recompensas subjetivas: o contentamento emocional de vencer as paixões egoístas, o conforto moral por ser útil, a satisfação mental de entender o mundo que nos cerca, o orgulho que desperta da ação para transformá-lo ou o alívio psíquico de não ser indiferente e, portanto, perceber um sentido na vida. Mas a maior alegria é pensar que temos razão. Lutar pela causa justa, ser uma pessoa decente, ter a certeza de estar certo traz felicidade, porque ficamos contentes conosco mesmos.

Se é assim, por que tantos militantes desistem? Ou, no nosso jargão dramático, quebram? Em espanhol se *hunden*, ou seja, afundam, como os barcos que naufragam, talvez mais poético. Quais são as dores da própria militância? Há muitas, a lista é longa. Entre as mais comuns, há três boas explicações: quebram porque os riscos são grandes, porque o medo pode ser avassalador, pelas pressões de classe, porque a dedicação militante exige muito; quebram porque cansam, porque os anos passam e a luta é longa e difícil; quebram porque ficam desgostosos com outros militantes ou com o funcionamento insatisfatório das organizações.

Há, todavia, outra grande hipótese. Ela é muito séria e merece ser considerada. Quebram porque são confrontados com o impacto da realidade que contradiz as suas crenças. Descobrem que acreditavam em, pelo menos, algumas ideias erradas, e perdem a confiança. Mas todos erramos, inclusive as organizações.

Diante do erro só há quatro caminhos, e nenhum deles é indolor. O primeiro é a desmoralização, o reconhecimento do erro e a desistência. O segundo é a autonegação, a obtusidade de não admitir o erro, ou seja, um grau de desconexão com a realidade ou de perda de lucidez, o que nunca é saudável. O terceiro é o autoengano ou a duplicidade, mais complexa psiquicamente: trata-se da aceitação do erro para si mesmo, mas a incapacidade de admiti-lo diante dos outros, porque o comprometimento emocional com as ilusões foi grande demais, o sacrifício feito não permite admiti-lo vão, e a pessoa fica fraturada. O quarto caminho é a autocrítica, a admissão honesta do erro, a correção de rumos e luta que segue. Só a autocrítica é uma saída enriquecedora. Mas nunca é indolor.

Claro que existem erros e erros. As diferentes proporções são importantes. E o grau de responsabilidade de cada um de nós também varia. Entretanto, ninguém está imune. Três exemplos ilustrativos, mas incontornáveis: a restauração capitalista, liderada pela maioria dos dirigentes dos partidos comunistas, caiu como uma pedra do muro de Berlim sobre as costas de uma geração que mantinha referência na antiga União Soviética, e em certo grau ainda se acreditava em transição ao socialismo; o avanço da ofensiva neoliberal nos anos 1990 destruiu as esperanças de uma geração de trotskistas pela iminente revolução mundial com o colapso do stalinismo; as denúncias de corrupção durante os governos do PT abateram uma geração de ativistas de esquerda que entregou o melhor de sua energia ao projeto representado por Lula.

Evidentemente, a realidade é sempre mais poderosa do que as ilusões. E grandes ilusões trazem grandes desilusões. Quando não se faz autocrítica, resta a autonegação, o autoengano ou a desmoralização. Nenhum desses caminhos é produtivo. Portanto, desconfie de quem nunca admitiu um erro. São pessoas perigosas.

A PACIÊNCIA

Precisamos conversar sobre militância e paciência política. Refletimos pouco sobre a importância estratégica da paciência. No engajamento socialista, valorizamos muito a honestidade de caráter, a personalidade corajosa, o brilhantismo da inteligência ou a erudição dos estudiosos. Os oradores despertam entusiasmo, porque falam o que gostaríamos de ser capazes de dizer, e os agitadores nos representam em público. Os propagandistas são admirados porque explicam as ideias do programa que defendemos e nos educam. A paciência é a primeira qualidade dos organizadores, aqueles que têm a habilidade necessária para nos manter unidos. São os facilitadores da ação coletiva que nos protegem dos nossos excessos, que nos ajudam a não brigar uns com os outros por qualquer diferença tática, que defendem a confiança mútua, indispensável para uma fraternidade de lutadores. Quem se pensa sempre com razão não tem muita paciência para tentar entender o argumento dos outros. Camaradas assim podem ter qualidades extraordinárias, mas não se adaptam à militância em um coletivo. Ter paciência política é inteligência emocional.

Paciência política não é resignação. É resiliência, serenidade e equilíbrio. Paciência não é indiferença, nem frieza, nem mansidão. Paciência política é autocontrole, disciplina e comedimento. É domínio de si próprio, discrição e despojamento. É aceitar que cada um de nós é diferente um do outro, porém imperfeito à sua maneira. É uma reconciliação com nossas ilusões juvenis imaturas e intempestivas, e com as organizações igualmente imperfeitas. Ser paciente é compreender que a dinâmica da luta de classes é condicionada por fatores que vão muito além de nossa vontade, que a urgência de seu tempo pode nos desgastar, e a espera pode não ser breve. É acolher no coração a ideia de projeto revolucionário como uma aposta que se renova em cada luta na qual depositamos a esperança estratégica. Os organizadores são os maratonistas da revolução.

Não é possível uma militância sem a experiência da frustração pessoal. Não há como não sofrer decepções. Precisamos refletir sobre o lugar de cada um de nós e a qualidade da vivência em nossas organizações. Trata-se de articular a função da individualidade dentro de um coletivo. Há lugar para todos na luta contra o capitalismo. Mas encontrar nosso lugar não é simples. Quando somos jovens, não conhecemos a nós mesmos. Não sabemos do que somos capazes. A própria militância nos ajuda nessa descoberta. Mas ninguém faz a si mesmo sozinho. Aprendemos uns com os outros. Nunca podemos esquecer que a militância honesta precisa ser um ato de doação. Valorizar a cooperação e agradecer àqueles que lutam ao nosso lado não diminui ninguém, ao contrário, engrandece. O coletivo é sempre uma totalidade maior que a soma de cada um de seus militantes. A paciência política é o cimento que mantém a unidade de uma organização.

Em qualquer coletivo humano há, com maior ou menor ardor, conflitos pessoais. Algumas pessoas são especialmente conflituosas. É preciso um código de conduta claro, que valorize a honestidade, a solidariedade e a gentileza em vez da rivalidade, da competição, da intriga ou do orgulho. Nada é mais importante do que manter a palavra. Ninguém pode ter uma "agenda secreta". Tudo é uma questão de medida. Como em qualquer outra coisa na vida, faz diferença o grau do que sentimos e a intensidade do que queremos. Nossas paixões podem ser moderadas e mediadas pelas necessidades e vontades dos outros. Caso contrário, não é possível atuar juntos. Ninguém quer ser manipulado, enganado ou usado pelos outros. Ninguém quer construir escadas para os outros. É ingênuo idealizar as organizações socialistas. Elas não são imunes às pressões sociais hostis de uma sociedade que premia o oportunismo, o arrivismo e o carreirismo. São como cidades sitiadas pelas forças inimigas. Não são inexpugnáveis. São vulneráveis a pressões de todo tipo, a começar pelas econômicas e sociais, dinheiro e prestígio. Por isso, toda organização séria tem o dever de se proteger e separar quem não honra seu compromisso. Somente com muita paciência é possível construir organizações saudáveis.

Os comportamentos são condicionados por muitas pressões. Devemos discutir o que incentiva nossa militância a se mover. Não faz sentido avaliar e diminuir ao infantilismo a razão que move as pessoas. Os critérios de uma organização podem favorecer a atração de pessoas de bom caráter ou atrair vigaristas, cafajestes e trapaceiros. Nem todo mundo é legal. A tolerância não pode prevalecer com gente desonesta e torta. Todos e cada um de nós está em permanente transformação. Para melhor ou pior. Por isso, nossas organizações devem ser, em primeiro lugar, um centro educativo em que encontramos aprovação e reconhecimento. A melhor militância é a que está centrada na defesa de um programa. O que deve unir socialistas é um projeto de transformação da sociedade. Sem paciência não é possível.

OS PROFISSIONAIS

Precisamos conversar sobre a relação entre militância e profissionalização na política. Ser um profissional da revolução é muito diferente de disputar um mandato, ser uma liderança sindical ou ser ativista em um movimento social. Não é um projeto pessoal, não é uma aventura solo. É uma complexa especialização. Decidir ser um revolucionário profissional é um ato de paixão.

Toda paixão é formidável, arrebatadora, avassaladora. A perspectiva de um mundo mais justo pode ser fascinante de maneira irreversível. A maioria dos militantes vive essa paixão como um momento de descoberta. Ela amplia a imaginação do possível e oferece um sentido para a vida. Mas para alguns é mais do que isso.

A decisão de ser um revolucionário profissional é a mais importante na vida de um militante. É leninismo na veia. Ela quase sempre é assumida quando ainda se é jovem e a paixão ocupa um lugar central. A força das emoções é muito poderosa. Ainda não sabemos muito bem como opera a mente. A ciência ainda engatinha sobre os mistérios da consciência.

Sabemos que a mente é um fluxo de ideias e sentimentos. E que não há pensamento sem emoção. Mas as emoções são muitas em simultâneo e se manifestam como uma cacofonia de ideias. Há algum "barulho" na consciência.

Os sentimentos não são um mau guia para a tomada de decisões. Afinal, durante milhões de anos, a seleção natural estabeleceu um processo de operação da mente em altíssima intensidade. No entanto, uma militância séria exige autoconhecimento contra a onipotência, a arrogância e o orgulho. O domínio de si mesmo não é possível sem um permanente exercício de racionalidade. A paixão deve ser moderada pela experiência. A experiência pode ser enriquecida pela educação.

A vitória de uma revolução socialista não é possível sem a existência de organizações revolucionárias. Esse pressuposto já foi posto à prova incontáveis vezes. E não é possível construir instrumentos de luta úteis e eficazes para a revolução sem os profissionais. Discutir profissionalização é refletir sobre os critérios de formação da liderança. Ser um profissional da revolução não é uma carreira, mas paradoxalmente exige muito mais do que uma carreira profissional, sem oferecer qualquer segurança. Oferece muitas possibilidades de autodesenvolvimento, mas requer, em contrapartida, imensa devoção.

A luta pela transformação da sociedade é uma maratona. Dedicar a vida à preparação de uma revolução exige constância e paciência. A revolução não é somente uma insurreição. Uma militância revolucionária não deve ser encarada como uma corrida de cem metros. O encantamento juvenil explosivo deve dar lugar à firmeza e ao equilíbrio de um compromisso estável.

A posição de liderança em um coletivo oferece alguma satisfação consigo mesmo, até complacência, mas o peso da responsabilidade impõe endurecimento e maturação acelerada, até implacável.

Exige muitos anos de formação e, sobretudo, de dedicação. Não é uma atividade *freelancer*. Ser um funcionário é uma tarefa técnica. Não é o mesmo que ser um profissional. Não é uma ocupação compatível com qualquer outra. Ser um revolucionário profissional não é possível sem dedicação integral.

Uma organização se constrói e também se destrói a partir da direção. Organizações se constroem de baixo para cima, mas também, e sobretudo, de cima para baixo. Ideias horizontalistas são influentes, porém ingênuas e, principalmente, erradas. Nenhum coletivo tem consistência e futuro sem divisão de tarefas. Os quadros são o que há de mais precioso em qualquer organização.

Uma das decisões mais delicadas e complexas de uma organização socialista diz respeito à seleção dos líderes. Não basta que sejam combativos ou inteligentes, simpáticos ou populares. Têm que ter bom caráter. E têm que ser sérios. Em especial aqueles que serão os "permanentes", os profissionalizados, os *fulltimers*. Porque mais tempo livre é mais poder.

Ideologia não é certificado de bom caráter. Ser socialista é compreender que não há pessoas boas e más. O mundo não se divide entre pessoas que são naturalmente do bem e do mal. São as diversas experiências, circunstâncias e estímulos sociais que recompensam ou refreiam as ações que nos transformam. Mas há gente muito deformada, que pode aderir às ideias socialistas sem ter disposição para mudar de atitude. Do mesmo modo, há muita gente de excelente caráter que não é socialista. Todo coletivo socialista honesto tem o direito de se proteger.

Ativismo não é garantia de seriedade, juízo, responsabilidade. Não é raro que se dissimulem tendências à lumpenização com a militância. A lumpenização é uma das pressões mais poderosas na sociedade contemporânea. Há aqueles que cedem a impulsos errantes, ociosos, instáveis e se transformam em cínicos, indolentes, insolentes. Há pessoas desmoralizadas ou avacalhadas moralmente em todos os ambientes e classes sociais. Todo coletivo atrai gente cheia de ideias sobre o que os outros deveriam fazer, que sugere ações e riscos que os outros deveriam correr. Essa gente não deve dirigir.

Ser um revolucionário profissional é uma oportunidade de se dedicar ao que mais nos interessa. Os profissionais são a coluna vertebral de qualquer organização. Mas o superativismo pode distorcer nossas mentes. A excitação, a empolgação e o entusiasmo favorecem ilusões narcisistas sobre si próprio e sobre o projeto político: o desfecho não pode ser senão o autoengano. E a frustração pode nos envenenar. Conviver exige respeito. Relações tóxicas surgem quando o respeito se perdeu. Revolucionários não podem ser fanáticos nem maníacos.

Não basta ter disposição e ambição para ocupar um lugar de direção, embora muita resiliência seja necessária. Os dirigentes têm que ser escolhidos. Ser um militante não é o mesmo que ter responsabilidades de liderança. Os deveres não são iguais. O nível de exigência deve ser incomparavelmente mais rígido, severo e rigoroso. Não é possível querer ter reconhecimento na direção sem carregar o fardo das responsabilidades.

A dialética nos ensina que tudo está em evolução permanente. As mudanças podem assumir distintas direções. Tudo pode se transformar no seu contrário. Uma paixão frustrada pode degenerar em ódio. É perigoso nos deixarmos seduzir pelos nossos desejos.

A premissa de que as massas estão sempre dispostas a lutar, sejam quais forem as circunstâncias, é uma projeção imaginária. Ser revolucionário não é repetir diariamente que a única solução é a revolução. Não pode ser um estado exaltado de consciência. Uma práxis revolucionária não é a distribuição ininterrupta de insultos contra quem tem uma discordância tática. A autoproclamação é uma prova de fraqueza, não de força. Estar isolado pode ser inevitável, mas não pode ser vocação, destino. Quando se tenta embelezar uma condição minoritária crônica como virtude, já se está diante de uma doença política.

A profissionalização precoce não é ruim, mas, se prolongada por muitos anos, favorece a desestruturação social e pode induzir a maus hábitos. A inevitável desprofissionalização pode parecer abandono e rancor, trazendo sofrimento psíquico intenso e irreparável. As pessoas quebram. Resumo da ópera: as profissionalizações não devem ser feitas sem máxima seriedade e um plano.

A QUARENTENA

Ao ler o que se escreve nas redes sociais, parece que uma parcela da esquerda endoidou. Surgem discussões surreais. Ficar em casa seria pelegar. Ir para rua seria revolucionário. Tudo ou nada. Infelizmente, uma parcela da esquerda aderiu, em alguma medida, às extravagantes ideias negacionistas sobre a epidemia.

Não creio que haja muitas dúvidas de que as mobilizações contra o bolsonarismo nas ruas foram justas. É evidente que aderir aos atos foi correto, quando não se pertencia aos grupos de máximo risco e tomava-se os cuidados de autoproteção. A partir de certa escala, é impossível preservar um mínimo distanciamento social. Foram atos pelo critério de representação, dos quais deveriam ser poupados os idosos, os portadores de doenças crônicas e quem tem contato direto com eles. Ou seja, uma maioria da nossa base social.

Defender o contrário não é só uma irresponsabilidade sanitária, é uma estupidez política. Que autoridade teríamos para denunciar a desfaçatez genocida do governo Bolsonaro se a própria esquerda tomasse a iniciativa de promover atos com dezenas de milhares de pessoas?

Portanto, não era correto concluir que houvesse condições para a esquerda e os movimentos populares disputarem as ruas. Estávamos no auge da pandemia. O risco de contágio era imenso. Não havia vacina e todos que saíram às ruas se expuseram. Devemos ser claros em relembrar o perigo.

Alguns entre nós tiveram o privilégio de poder ficar em casa, embora sob a pressão do trabalho remoto. Ninguém deveria ficar constrangido com isso. Tratava-se de um privilégio porque, no momento de expansão acelerada da pandemia em quase todas as grandes cidades do país, a maioria do povo já se via obrigada a ir trabalhar presencialmente. Não tinham escolha, estavam desamparados.

Mas ninguém "amarelou" porque se refugiou em quarentena no seu próprio lar. O direito de ficar em casa e se proteger do perigo de contágio equivale à defesa do direito à vida. Esse direito é irredutível. Engana-se quem fantasiou para si que, podendo ficar em casa, foi mais revolucionário ao se expor.

Não há militância socialista sem a disposição de correr riscos. Mas os riscos devem ser sempre muito bem calculados. Correr riscos desnecessários não é uma atitude revolucionária, é simplesmente uma tolice infantil.

Pode ser que a fadiga da quarentena estivesse pesando demais. É razoável e previsível que, após meses, todos estivessem cansados diante das rotinas de confinamento. Ela exigiu um grau de autodisciplina muito elevado. Mas a autodisciplina é uma qualidade importantíssima, e foi um bom momento para cultivá-la. Fazer as atividades domésticas de faxina e alimentação, cuidar de si mesmo e dos outros, equilibrar o tempo de trabalho com o descanso, fazer exercícios, reservar espaço para o lazer, enfim, manter rotinas saudáveis.

Também é recorrente o tema de quem está à esquerda. O que é ser de esquerda, embora polêmico, merece atenção. A coerência é um valor na militância, mas parece haver muita confusão sobre qual é a régua que usamos para medir a coerência uns dos outros. Há parâmetros objetivos.

Na tradição socialista, sempre houve respeito pelo espaço da vida privada e pessoal, distinto da dimensão pública da vida. A militância é o espaço da vida pública. A vida pessoal de cada um não deve estar no escrutínio e muito menos sob controle dos outros.

Alguns entre nós priorizam a poupança, outros não. Alguns priorizam o consumo de livros, outros não. Alguns de nós adoram ir ao futebol, a concertos, viajar para a praia ou organizar festas, outros não. Claro que deve existir uma coerência entre a vida privada e a pública. Não se pode ser socialista na vida pública e um grandessíssimo sacana na vida privada. Não deve haver lugar nas nossas fileiras para cafajestes, canalhas e vagabundos.

Mas ser socialista não é o mesmo que fazer um voto de pobreza. Os socialistas não defendem que todos sejam pobres. Essa é a acusação mais torpe que os reacionários fazem contra o socialismo. Ser socialista é ir contra o envenenamento mental que associa a busca da felicidade ao consumismo. A triste realidade é que, no Brasil, ainda prevalece o subconsumo popular.

As amplas massas do nosso povo não têm acesso às mínimas condições materiais e culturais para uma existência digna. Dezenas de milhões de pessoas sequer têm acesso ao saneamento básico, à água tratada. Isso não obriga nenhum socialista que vive no Brasil, que tem condições para se proteger, a deixar de procurar uma casa digna para morar. A nivelação do consumo não é o programa do socialismo.

Ser socialista é manter viva a rebeldia contra a injustiça e a tirania no mundo. É aderir ao movimento social da luta dos trabalhadores e oprimidos. É se organizar politicamente para derrotar o capitalismo. E é um compromisso internacionalista.

Pessoas com as mais distintas origens de classe e modos de vida têm o seu lugar nas fileiras da luta pelo socialismo. Ninguém deve ser julgado menos socialista pela casa em que mora, pelas roupas que veste ou pela dieta de sua preferência. Ninguém é mais ou menos socialista em função de seus hábitos pessoais, porque eles remetem à dimensão de sua vida privada.

O CARREIRISMO ELEITORAL

Um dos temas mais delicados na esquerda é o carreirismo eleitoral. Passados mais de 35 anos de eleições ininterruptas, são incontáveis as decepções amargas. Precisamos conversar, portanto, sobre ambição e humildade na escolha de candidatos. Discutir o carreirismo eleitoral exige algum rigor, porque é comum que se façam generalizações rápidas e injustas.

Pressões eleitoralistas não são o mesmo que carreirismo. Nos nossos movimentos há pressões eleitoralistas e antieleitoralistas. As primeiras são as mais poderosas, mas não são as únicas. O eleitoralismo é uma estratégia política, o carreirismo é uma conduta pessoal.

O carreirismo não é uma forma de ambição. Entrar em uma organização socialista é um gesto de humildade pessoal. Quando decidimos fazer uma experiência organizada em um coletivo, aceitamos direitos, mas também deveres, diante dos outros.

Renuncia-se a fazer apenas o que se quer. Deixar de agir individualmente significa escolher uma forma de militância em que ideias, iniciativas e projetos políticos serão previamente discutidos com os outros. O que se perde em liberdade pessoal se ganha em força, segurança e eficiência revolucionária. Significa estar disposto, também, a aceitar a vigilância dos outros.

Um militante que tem sua candidatura escolhida por uma organização de esquerda deve saber que, se eleito, seu mandato pertence ao coletivo, não a ele. A seriedade da organização é a maior garantia que um candidato pode oferecer aos seus eleitores.

Carreirismo é uma forma de arrivismo, de "alpinismo", de oportunismo pessoal. Carreiristas não aceitam as regras de controle mútuo coletivo.

Oportunismo é o "vale-tudo", quando se aproveitam oportunidades para fins próprios. Oportunistas são pessoas sem escrúpulos, manipuladoras, que não têm código de conduta. Carreiristas operam manobras escusas para esconder suas verdadeiras intenções. Aproveitam-se dos outros para conquistar posições, cargos e vantagens pessoais.

O sistema eleitoral brasileiro incita, favorece e estimula a construção de figuras públicas que são representantes de si mesmas, porque votamos em pessoas. Não fosse o bastante, os partidos estão muito desmoralizados. A forma partido tem uma péssima reputação atualmente. Existem mais de trinta partidos legalizados no país, e a maioria deles é somente uma legenda eleitoral, sem programa. A imensa maioria são partidos burgueses de aluguel, uma "especialidade" brasileira. São sublegendas de outros. Podem apoiar qualquer governo e, de fato, já o fizeram. As tendências e correntes da esquerda brasileira também sofrem as sequelas desta desmoralização.

Carreirismo não é sinônimo de reformismo. Há militantes na esquerda que são reformistas, ou seja, defendem uma estratégia de regulação do capitalismo. São moderados, porém honestos. E há super-revolucionários que não respeitam limites na luta política. Como o eleitoralismo reformista promete mais como escada de ascensão pessoal, a imensa maioria dos carreiristas é reformista. Porque não são idiotas.

Em um país como o Brasil, estão disseminadas em cada conjuntura, com maior ou menor intensidade, pressões protorreformistas e algumas semianarquistas. Nem todos que se impressionam com a ideia de que a representação nas instituições é uma questão central são reformistas incorrigíveis. E nem todos que são hostis à luta eleitoral são anarquistas convictos. Diversos fatores explicam o aumento de uma ou outra pressão em determinados momentos.

Mas, evidentemente, se há uma lição estratégica que deveria ser incorporada por toda a esquerda como definição programática, é que a luta parlamentar deve estar subordinada à luta de massas. A presença parlamentar é um instrumento auxiliar da luta política. Dizer que é auxiliar significa que não é prioritária. É complementar à luta política. Prioritário é o que está em primeiro lugar.

E, em primeiro lugar, deve estar sempre a construção da mobilização de massas. Nenhuma organização, nem a mais poderosa, pode mudar o mundo. A transformação da sociedade sempre foi e será obrada pela luta direta de milhões de pessoas unidas em torno de um objetivo comum. E as massas precisam de pontos de apoio para que as suas lutas não se dispersem. A bússola central da luta política é a luta pelo poder.

Ainda estamos em um nível de abstração muito alto. O eleitoralismo é somente uma das formas de reformismo: a ilusão de que é possível "consertar" o capitalismo ou, pelo menos, ir reduzindo os danos de um sistema que só pode se reproduzir com a desigualdade social. O eleitoralismo se manifesta nos partidos, mas também nos movimentos.

O movimentismo pode ser outra estratégia reformista, ainda que com um vocabulário diferente do eleitoralismo, com uma forma aparentemente mais radical. E, assim como pode haver carreirismo eleitoral, pode haver carreirismo movimentista.

Em todo e qualquer processo de luta – nos sindicatos, nos movimentos de moradia, de mulheres, de negros, LGBTQIA+, de cultura, direitos humanos, estudantis, agrários, ambientais, indígenas, internacionalistas, de comunicação popular, de saúde –, é compreensível que prevaleça a ideia de que aquilo que cada um de nós está fazendo é o mais importante de tudo. Afinal, um engajamento sério exige compromisso e empolgação. Elaborar um programa, organizar as pessoas, preparar mobilizações, divulgar iniciativas e construir campanhas são atividades permanentes que podem consumir todas as energias da militância.

Entretanto, se todos os movimentos são necessários e justos, não é possível que todos sejam simultânea e igualmente prioritários. Defender ao mesmo tempo a prioridade de todos é o mesmo que dizer que nenhum é prioritário. Onde concentramos nossas forças? Quais são as bandeiras que, em cada situação, todos nós devemos defender com máximo vigor para que a audiência e a repercussão sejam as maiores possíveis?

Um movimento não é mais importante do que outro em função de sua sofrência. A dialética da sofrência pode ser cruel. Nem sempre os mais explorados e oprimidos são aqueles que estão com mais disposição para lutar. É a força social de impacto de cada luta que pode estabelecer a referência do caminho em cada situação política.

Deve-se determinar uma régua para medir e fazer escolhas. Escolhas são decisões difíceis. Não se pode fazer tudo. Quais são os critérios? O principal se altera, varia e muda em cada conjuntura. As decisões não são possíveis sem discussões apaixonadas, porque é legítimo que cada movimento aspire a ser o mais prioritário. Fazer escolhas sempre deixa alguém contrariado. Tais decisões remetem ao debate de estratégia. E os espaços nos quais os militantes de todos os movimentos se reúnem são as organizações políticas.

Por isso, os melhores candidatos não são aqueles que podem ter mais votos, mas os que têm clareza estratégica.

A DIREÇÃO

> A luz com que vês os outros é a luz com que os outros veem a ti.
> O vento não quebra uma árvore que se dobra.
>
> Sabedoria popular africana

Há muitos perigos quando encaramos a questão da direção. Podemos subestimar ou superestimar sua importância. As lideranças são essenciais na luta pela transformação social e política, mas não são em si decisivas. O máximo protagonismo e exposição geram uma ilusão de ótica. As grandes personalidades deixam o registro do seu estilo. Na verdade, ninguém faz sozinho tanta diferença no curso mais fundamental dos acontecimentos.

Mas, nas raras situações em que outros fatores estão muito equilibrados, as diferenças entre os dirigentes, como a maior lucidez e ousadia ou a determinação e o carisma, podem desempatar o desenlace de uma luta. Então, a questão da construção da direção é central.

É ainda mais central porque, em todas as lutas, surgem ativistas com potencial de liderança que, na maioria dos casos, se perdem pelo caminho. Perdem-se porque a formação de lideranças populares é um processo mais difícil, se comparado a outras classes em luta: os efeitos combinados de repressão, desmoralização e cooptação são brutais.

O primeiro e mais comum dos perigos quando iniciamos uma militância é a idealização. A idealização dos que vieram antes de nós é um entusiasmo da imaginação embriagada pelo desejo. Na militância, essa é uma armadilha comum. Desejamos ter segurança na organização em que participamos, e esse desejo fermenta credulidade.

A credulidade pode se expressar na idealização de sujeitos sociais: a classe operária, os trabalhadores, os camponeses, o povo, as mulheres, a juventude, os negros ou os LGBTQIA+. Pode ser a idealização de sujeitos políticos: os sindicatos, os movimentos sociais e os partidos. O mais comum, no entanto, é a idealização de dirigentes. A glorificação da liderança "heroica".

Não é um bom critério. Por isso, cultiva-se na tradição marxista o princípio da esperança, não da fé. Não precisamos de heróis. Precisamos de lideranças sérias, lúcidas, honestas e comprometidas. Tudo na vida é imperfeito. Nossas apostas não podem ser tudo ou nada, o que é uma simplificação infantil.

Quando tratamos da relação da militância com a direção, estamos diante do dilema da confiança e da desconfiança. Confiança ou desconfiança absoluta é uma infantilização do desafio. A confiança é um processo: precisa ser construída com paciência e maturidade. Não há espaço na vida adulta para confiança absoluta. Nada nem ninguém é perfeito. Nem as massas, nem as organizações que construímos, nem as pessoas. A idealização política é a antessala da desilusão.

Pior ainda, a credulidade política nos inimigos de classe é fatal. Mas o contrário da credulidade não é um erro menor. Medo, desconfiança, raiva e ressentimento não permitem o trabalho em equipe. Mentes zangadas não são mais inteligentes. Manter uma atitude aberta em relação aos outros é indispensável para militar juntos.

Ninguém pode ser julgado pelo que pensa de si próprio. Todos nós devemos ser julgados pelo que fazemos, ou seja, pela nossa coerência. Mas, até a prova em contrário, todos os militantes merecem o benefício da dúvida. Apostar na confiança não é se deixar iludir pelos outros.

O fenômeno do militante desiludido é muito comum. A expectativa de uma direção infalível é uma ilusão ingênua, mas não é inusitada. Ela esteve na raiz da manipulação do culto à personalidade, uma das deformações mais grotescas da esquerda do século XX, introduzida na União Soviética por Stálin.

O perigo simétrico da prevenção ou suspeição crônica não é, tampouco, maduro ou inofensivo. A alternativa à credulidade não deve ser a paranoia. A desconfiança pode facilmente se transformar em delírio de perseguição. Mentes suscetíveis se deixam aprisionar por pensamentos conspiratórios. O endereço final de discussões exaltadas é a depuração dos dissidentes e a consolidação monolítica. O monolitismo é a antessala da destruição de uma equipe militante e a afirmação de uma liderança individual. Devemos, portanto, discutir a formação de lideranças nas nossas organizações. Lideranças não nascem prontas, são educadas.

A construção de lideranças nas organizações obedece necessariamente a um processo de seleção interna. Toda seleção envolve alguma competição e rivalidade. A seleção pode ser construída com critérios claros e um plano ou pode ser brutal e "selvagem". Eleições de lideranças são processos democráticos que introduzem transparência e educam em métodos saudáveis. Mas eleições regulares não evitam erros. Apenas favorecem a correção de erros.

Uma organização é um coletivo de militantes ativos e dispostos a assumir responsabilidades nas lutas sociais e políticas. Esse compromisso é uma escolha, uma doação, uma entrega. Militantes são lutadores com capacidades, habilidades, inclinações e também disposições diferentes.

Há camaradas com grande inteligência e pouca resiliência. Outros têm imensa coragem, mas são intratáveis. De novo, ninguém é perfeito. Todos são necessários na luta anticapitalista. A melhor direção é sempre um trabalho de equipe. Em diferentes graus e cumprindo diferentes papéis na divisão de tarefas, em função de experiências distintas, todos têm lugar. Direções coletivas sempre são, sem exceção, superiores a direções unipessoais. Direções heterogêneas sempre são, sem exceção, superiores a direções monolíticas.

A relação com os dirigentes deve ser regulada por muitas variáveis. O critério principal, em abstrato, deveria ser o acordo com as posições políticas. A centralidade do programa é muito importante. Mas militantes experientes sabem que não é tão simples. Porque a concordância de ideias não pode ser um critério exclusivo, e há boas razões para que não seja. As pessoas são maiores que as ideias que defendem em determinado momento. Outras variáveis também merecem ser consideradas, como trajetória, formação, caráter, constância e abnegação.

Em qualquer experiência de convivência social, encontramos pessoas que são distintas de nós, e surgem desconfortos, estranhamentos e até conflitos. Não é diferente quando militamos em uma organização socialista. A desconfiança é a suspeita de que os diferentes poderão nos decepcionar. Mas as identidades que facilitam acordos podem ser muito ilusórias. É sempre mais fácil concordar com os que compartilham a mesma identidade. Operários com operários, jovens com jovens, mulheres com mulheres, intelectuais com intelectuais, nordestinos com nordestinos e por aí vai. Porém, só é possível construir instrumentos coletivos com a convivência entre os diversos, porque o que deve nos unir é um programa. A chave para o trabalho de equipe é o respeito, a tolerância.

Se em cada discussão em que surgem diferenças de opinião já desconfiamos do outro, não é possível lutarmos juntos. A aposta no combate ao capitalismo exige a construção de ferramentas de luta. Só grandes organizações podem ter peso nos desdobramentos da luta social e política. Separar a mensagem do mensageiro é elementar. Camaradas maravilhosos podem não concordar conosco. E se formos nós que estamos errados?

O AUTOCONHECIMENTO

> Conhece-te a ti mesmo.
> Inscrição na entrada do Templo de Apolo em Delfos, Grécia

Uma das perguntas mais difíceis que me fazem é como sustentar uma militância constante depois de tantos anos. O "conhece-te a ti mesmo" é um aforismo grego que nos convida à descoberta de nossas potencialidades e de nossos limites. É um provérbio atribuído a diferentes filósofos – Tales de Mileto, Platão, Sócrates, Aristófanes –, mas provavelmente tem origem mais antiga. A grande sabedoria tem raízes remotas. O autoconhecimento é uma das premissas de uma vida adulta, ou seja, responsável.

Depois de uma grande derrota, é muito razoável que militantes socialistas se perguntem sobre o sentido do engajamento, do compromisso, da aposta. A militância exige, em primeiro lugar, honestidade com os outros e consigo mesmo. Mas, não poucas vezes, sentimo-nos desiludidos, frustrados e cansados. Por isso, é preciso refletir sobre si próprio. Porque há uma dimensão subjetiva na militância.

Quando eu estava na adolescência, fui jogar basquete em um clube de Lisboa. Creio que tinha catorze ou quinze anos. As obrigações com a equipe eram um treino e um jogo por semana. Sou razoavelmente disciplinado desde jovem. Não faltava. A seleção para participar da equipe não era muito rigorosa. Eu era mais alto que a maioria, mas não tinha nenhum talento especial. Só esforço. Nos dias de campeonato, entrava para jogar em alguns momentos.

Depois de alguns meses, o treinador, um gigante simpático que fora jogador profissional na juventude, chamou-me para uma conversa ao final de um treino. Foi direto ao ponto: "Valerio, você é dedicado, mas não posso mais te escalar para os jogos. Você é estrábico. Você demora demais para ver de onde vem a bola, a força, a direção. E quando ela vem da esquerda você sempre perde o tempo da bola. Demora alguns segundos a mais. Quanto de visão você tem no olho esquerdo?". Eu tinha menos de 15%. Assim acabou minha experiência como jogador de basquete.

Passaram uns dois anos e encontrei, casualmente, o treinador na rua. Em Lisboa, encontros casuais assim não eram incomuns. Conversamos um pouco. No final ele me perguntou, distraidamente, se eu tinha escolhido praticar outro esporte. Eu respondi que sim: ping-pong. Ele deu uma gargalhada alegre, como quem diz: "Não! Ping-pong? Sério?".

Ele tinha razão. Nunca fui muito longe no tênis de mesa. A velocidade da bolinha é muito grande e ela é minúscula. Assim aprendi duas lições que parecem simples, mas não são. Duas lições muito importantes. Podemos fazer muitas coisas na vida, mas nenhum de nós pode fazer tudo. E ninguém se transforma sozinho. Precisamos que nos digam quando estamos errados. Ou seja, precisamos aceitar que ser contrariado não é ruim. Ninguém gosta de ser criticado. E nem sempre as críticas são justas. No entanto, devemos construir equipes de militância nas quais haja diversidade de ideias e personalidades, isto é, diferenças e heterogeneidades. E inscrever a tolerância e o respeito como regras.

Cada um de nós deve sempre se colocar uma pergunta inescapável. Ela não é fácil: o que queremos? E por que o queremos? Isso nos leva a descobrir os sentimentos que nos mobilizam. Saber o que queremos é uma forma de evitar o autoengano. E apenas cada um pode responder essa pergunta sobre si mesmo.

Por que militamos? Por que dedicamos nosso escasso tempo a ser ativistas? Por que debatemos programas e táticas, discutimos ideias com os que nos cercam, frequentamos reuniões, distribuímos panfletos, participamos de assembleias, comparecemos a atos, convocamos greves, cotizamos nosso pouco dinheiro? Por que fizemos tal escolha?

Há muitas boas e diferentes razões para se engajar na militância. E há muitas outras que levam um militante a desistir. É inescapável que, cedo ou tarde, tenhamos que nos confrontar com elas. O que a vida nos pede, afinal, é coragem.

Nos últimos quarenta anos, meu esporte é a corrida.

O IMPRESSIONISMO

Nas reuniões da esquerda brasileira, é comum que as discussões se polarizem entre os mais otimistas e os mais pessimistas. Há vários tipos de otimistas e pessimistas: alguns têm opiniões históricas fortes e graves. Abraçam uma visão cristalizada do país e, portanto, do que é a sociedade brasileira.

Dividem-se em dois campos: os que estão mais próximos da "povofilia" ou da "povofobia". Os que se situam no campo da "povofobia" são mais incrédulos, mais descrentes, críticos e céticos em relação às potencialidades da luta da classe trabalhadora. Não são menos socialistas por isso. Há toda uma corrente mais melancólica na tradição marxista que era pessimista.

Aqueles que se situam no campo da "povofilia" têm mais confiança, segurança ou esperança de que esse enorme proletariado, ainda que heterogêneo, venha a cumprir um papel revolucionário aliado às massas oprimidas. Ambas as posições são legítimas, porque procuram fundamento em uma interpretação da história do Brasil.

Apesar do debate ser inconclusivo, não deveria contaminar a análise de conjuntura. São diferentes níveis, planos e patamares de debate. Devemos, portanto, conversar sobre o impressionismo político. Em abril de 2020, justamente quando a conjuntura começava a se deslocar para um isolamento maior de Bolsonaro, uma parcela da esquerda convencera-se que o regime da Nova República já tinha sido derrubado e um autogolpe era iminente.

Um mês depois, outra parcela defendia que Bolsonaro já estava sendo tutelado pelos militares e que, de alguma maneira, tinha se constituído um novo governo em que a ala bolsonarista cedera espaço à troika de generais.

Passado um mês, outra parcela estava convencida que a derrubada de Bolsonaro era iminente – pela iniciativa do Supremo Tribunal Federal (STF), do Congresso ou de ambos. Agora, muitos que abraçaram uma ou outra hipótese, ou até as três em sequência, têm certeza de que o governo Bolsonaro conquistou estabilidade e vai concluir seu mandato.

Evidentemente, a conjuntura política flutuou em diferentes momentos desde o início da pandemia e da recessão econômica, mas não com tanta intensidade. Existiam grãos de verdade nessas análises. Mas as quatro eram impressionistas e estavam erradas.

Nas semanas de "Bolsonaro paz e amor" e de "frente ampla paz e amor", não faltou quem até já concluísse que as massas populares estavam abatidas, prostradas e apáticas diante da tragédia, enquanto assistíamos desmoralizados à banalização do mal. Trabalhadores e jovens seriam incapazes de se colocar em movimento quando saíssemos do auge da pandemia.

Essas conclusões foram insensatas. Ninguém sabia como estaria o humor dos trabalhadores e jovens nos meses posteriores. Podia ser exatamente o contrário. Poderíamos ver uma grande onda de mobilizações sob influência da esquerda.

Não há militância coletiva sem uma compreensão comum do que fazer. A ação deve ser ditada por uma análise da conjuntura. Não é prudente classificar análises como otimistas ou pessimistas. O maior perigo na interpretação da realidade é o impressionismo.

O impressionismo é uma forma de pensar. E retira conclusões apressadas sobre a conjuntura porque prescinde de método. A chave do método é o estudo das relações de força sociais e políticas. Deve ser esgrimido com realismo. O marxismo é uma ferramenta que recomenda o máximo rigor, portanto, a mínima contaminação pelas ansiedades ou preferências pessoais. Há análises mais ou menos erradas.

O impressionismo é uma ligeireza de análise centrada na maximização do tempo presente, que sustenta opiniões rígidas e precipitadas. É uma forma de interpretação dos acontecimentos que diminui a importância das mediações, porque secundariza as contradições, favorece o desequilíbrio e defende táticas ziguezagueantes.

Mas sejamos honestos e sensatos: diante das oscilações das conjunturas, somos todos impressionistas em maior ou menor medida. Resistir às pressões impressionistas é uma luta contra nós mesmos.

Há muitos perigos. O mais ingênuo deles é atribuir às massas populares uma disposição revolucionária de luta que, neste momento, elas não têm. A idealização imaginária de um estado de ânimo na juventude, ou em qualquer outro sujeito social, é uma projeção enganosa da vontade.

O pior impressionismo de todos é levar muito mais a sério do que merece o que dizem lideranças políticas da classe dominante. Os inimigos dissimulam e mentem. Eles agigantam as suas forças e diminuem as nossas.

Quem faz análise deve ser consciente do perigo de enviesar sua hipótese. Deve aprender a desconfiar de seus sentimentos, suas preferências e seus interesses. Os vieses que podem contaminar a análise precisam ser eliminados. Todos nós precisamos de lentes que ajudem a corrigir nossas miopias ou filtros que ajudem a descartar o secundário do principal.

A questão central do método é uma análise objetiva das posições de classe em conflito. Parece incontroverso que a maioria da burguesia brasileira pressionou por mais governabilidade diante da pandemia, portanto pela colaboração entre o governo federal e os governos estaduais. Aqueles que, como João Doria, ensaiaram uma oposição institucional aos excessos de Bolsonaro, também foram atingidos pela devastação de uma abertura irresponsável. Cometeram um erro político irreparável.

Em pleno auge de expansão ininterrupta da contaminação, enquanto famílias sofriam com a perspectiva de ao menos 100 mil mortos em agosto de 2020, e anunciara-se para setembro o fim do auxílio emergencial, governadores flexibilizaram a quarentena e reabriram as capitais. Quando Bolsonaro foi pessoalmente atingido pela doença que minimizou, ridicularizou e desprezou, descobriu-se diminuído. A situação ficou muito mais grave.

Manteve-se um relativo impasse transitório: nem Bolsonaro tinha forças para desafiar o cerco que os tribunais superiores armaram, nem a oposição de esquerda tinha forças para desafiar o seu mandato sem as ruas.

Entretanto, há uma dinâmica que se afirma. A tendência mais profunda da conjuntura continua sendo o enfraquecimento do governo Bolsonaro. E o bolsonarismo é uma corrente neofascista. Não deixará de mostrar os dentes antes de ser derrotado.

O COMPROMISSO

As circunstâncias da pandemia convidam para reflexões mais introspectivas. O isolamento deixou-nos mais em contato com a dimensão íntima de nossas vivências. A tragédia humanitária que nos ameaça é mais uma demonstração de que o mundo não vai mudar sem muita luta. É razoável, portanto, que muitos ativistas jovens, em suas primeiras experiências, estejam se indagando sobre o que é a militância socialista, e se é isso o que querem para sua vida.

A militância socialista deve ser um compromisso de vida. Ela consiste, essencialmente, em quatro decisões, quatro rupturas com a ordem do mundo em que vivemos. Decisões que envolvem rupturas são difíceis. Mais difíceis quando não exigem apenas a adesão a ideias, mas também um engajamento na ação para transformar a ordem do mundo.

A primeira é uma ruptura moral com a indiferença diante da injustiça e da tirania que, em distintos graus, nos cercam. As pressões econômicas, sociais, políticas e ideológicas que procuram legitimar a sociedade tal como ela é são avassaladoras. O sentimento de impotência pode ser embrutecedor e devastador.

Romper com a indiferença é o primeiro passo da revolta, sem o qual nenhuma militância é possível. Militantes socialistas são pessoas rebeldes. Essa decisão supõe uma autotransformação profunda que não é indolor. Ela envolve sacrifício porque, na dimensão subjetiva da vida que abarca nossos afetos, algumas relações pessoais de confiança infelizmente serão perdidas. Em compensação, outras relações serão construídas. Mas aceitar as perdas é um processo de amadurecimento. A chama de repulsa, indignação e desprezo contra a indiferença não pode se apagar. É preciso aprender a cultivá-la.

A segunda decisão é uma ruptura de classe. Ser socialista é aderir ao movimento social dos trabalhadores e dos oprimidos. É defender incondicionalmente os interesses dos que vivem do trabalho, em luta contra os interesses dos capitalistas. Não importa em que classe social cada um de nós nasceu. Pode-se ter nascido na burguesia, em qualquer estrato da classe média ou nas camadas mais oprimidas do proletariado. Há lugar para todos no movimento socialista. Se a certidão de batismo não agiganta, tampouco diminui alguém. Ninguém escolheu a família em que nasceu.

O valor de cada um vem da seriedade e da honradez de seu compromisso na luta. Pode ser uma integração no movimento sindical ou de juventude, no de mulheres ou negros, no popular ou de direitos humanos, na luta LGBTQIA+ ou ambiental, indígena ou internacionalista. As frentes de luta são inúmeras e cada um deve procurar a melhor para si mesmo. O importante é participar com consistência na luta anticapitalista.

Trata-se de uma ruptura com a cômoda vida dedicada a cuidar somente de si mesmo. Não é indolor. A vida é uma experiência suspensa no tempo. E além da doação de tempo, a militância envolve riscos. Não se desafia a ordem do mundo em vão. São riscos calculados, coletivos, mas, enfim, riscos.

A terceira decisão é o compromisso com uma organização socialista. Todos os movimentos sociais que se apoiam na mobilização de massas são excelentes escolas de militância. Mas não são instrumentos suficientes para mudar o mundo. As lutas sociais têm muitos revezes, e as derrotas pesam. Sem clareza estratégica, os mais valorosos se desmoralizam. Integrar uma organização socialista é abraçar um projeto político em um patamar muito superior.

Não é possível lutar contra o capitalismo em voo solo. É preciso ter a maturidade e a humildade de compreender que a luta anticapitalista é um projeto histórico grandioso, porém é uma aposta cheia de incertezas. Ser independente e "companheiro de viagem" pode parecer mais confortável do que a participação disciplinada. Mas a integração em um coletivo não diminui a individualidade de ninguém.

Ao contrário, há uma dialética entre a afirmação pessoal e a colaboração no coletivo. Isso não se dá sem tensões, evidentemente. Ser socialista é abraçar uma visão coletivista do destino da vida civilizada, mas ninguém pode aceitar sua anulação. Ninguém quer ou aceita ser usado e manipulado. Organizações saudáveis devem estimular as potencialidades de cada um, e não as diminuir.

Nenhum de nós consegue, sozinho, ter plena percepção de quem é. Reconhecemo-nos melhor quando nos enxergamos nos olhos dos outros. Mas as organizações são, evidentemente, imperfeitas. Deixar os excessos de narcisismo de lado e admitir que também somos imperfeitos ajuda.

Não é possível ser socialista sem nos unirmos politicamente à construção de uma ferramenta útil para a luta pelo poder. A experiência de mais de 150 anos do movimento socialista já demonstrou de forma cruel, no laboratório da história, que nenhum direito, reforma ou conquista é perene sem a luta pelo poder. O capitalismo pode fazer concessões transitórias em situações extremas de pressão, mas elas serão sempre efêmeras. O maior desafio da militância em um coletivo é aprender a importância da disciplina. Não é simples e tem um custo.

Por último, a quarta ruptura é a adesão a uma visão de mundo ideológico-programática, portanto, anti-imperialista e internacionalista. Ser socialista é ser consciente de que todas as vitórias dentro das fronteiras de um país, mesmo uma grande nação, estão ameaçadas pela ordem imperialista mundial. Essa é a principal lição do socialismo do século XX.

Isso não é possível sem que reconheçamos seriamente que sabemos pouco. Não é possível ser socialista sem adquirir hábitos de disciplina para o estudo. Essa decisão exige um compromisso permanente com a nossa autoeducação. Cada um de nós tem sua história, seu repertório e sua cultura. Um socialista é um eterno e insatisfeito estudante. Em uma organização socialista, os intelectuais profissionais devem estar dispostos a se transformar em ativistas, e os ativistas a se transformar em intelectuais populares.

Finalmente, é preciso saber que as pessoas se cansam. Ninguém tem forças inesgotáveis. Militar na linha de frente cansa ainda mais. A vida é breve e a luta, longa. Por isso, uma militância socialista exige a maturidade de saber qual é nosso lugar em cada etapa da vida. Exige também saber cuidar de si mesmo. A vida traz alegrias e frustrações. Não é difícil ficar prisioneiro de rancores, atribuindo aos outros a culpa pelas nossas dores. O ressentimento é uma paixão triste. Ser socialista é cultivar sempre o melhor de nossa humanidade.

O CAUDILHISMO

Precisamos conversar sobre a militância e o tema das superlideranças ou caudilhismos. Em todo processo de organização, existe o perigo de que a autoridade das figuras públicas, em especial parlamentares com mandato, agigante-se a ponto de inibir, diminuir ou até substituir a necessidade de construir a organização coletiva.

Ninguém faz a si próprio sozinho. Construir dirigentes é um longo processo de formação de quadros. Mas formar lideranças públicas é muito importante e muito difícil. Há dois perigos extremos e simétricos: maravilhamento bajulador e desconfiança paranoica.

A divisão de tarefas é necessária em qualquer organismo de coordenação de militância. Ela deve respeitar variados critérios e perseguir diferentes objetivos. Um deles é formar especialistas. Ninguém tem máximo desempenho em todas as tarefas. Alguns são organizadores que mantêm constância e perseverança, outros são condutores de equipes que sabem cultivar a coesão entre os quadros. Alguns são inteligentes formuladores políticos, outros são hábeis propagandistas. Todos têm o seu lugar. Não é verdade que todas as tarefas de direção são equivalentes na esquerda. Algumas são mais complexas. Entre elas, mas não só, estão as figuras públicas.

A formação delas é um tipo de especialização simbólica. Ser porta-voz é oferecer corpo, coração, mente e voz para encarnar um projeto coletivo. Não é fácil ser um símbolo e manter a autenticidade. Mas a figura pública está sob permanente escrutínio. É julgada pelo que fez e não fez. Seu erro não lhe compromete apenas. Pode prejudicar a causa que ela representa.

A representação pública de uma organização é, portanto, uma responsabilidade imensa. Exige um grau de entrega e doação à causa coletiva que tem, na dimensão pessoal da vida, um peso devastador. Não compreender o desgaste do papel das figuras públicas, em especial quando são chamadas à luta eleitoral, é superficial. São indispensáveis as relações honestas entre os quadros dirigentes para que a solidariedade humana seja respeitada.

Mas existem os perigos profissionais que envolvem as figuras públicas de uma organização de trabalhadores e oprimidos. São principalmente três, todos com relação à ilusão de grandeza ou ambição: adaptação, corrupção e estrelismo. O perigo da adaptação decorre da intimidade com os representantes dos inimigos de classe. O perigo da corrupção decorre das pressões de classe. O perigo do estrelismo decorre da ilusão de ótica sobre seu papel.

Proteger a figura pública das pressões hostis e, às vezes, de si mesma, não deve ser uma responsabilidade somente daqueles que escolhemos para essa tarefa. Trata-se de uma responsabilidade coletiva. Uma organização saudável não lança um camarada "às feras" e depois terceiriza a responsabilidade. Ao contrário, compartilha-a.

O perigo é maior quando estamos em uma situação defensiva. Nesses casos, as organizações de esquerda perdem capacidade de atração e enfraquecem. Quando a possibilidade de alcançar vitórias é mais remota, também é menor a disposição de a militância apostar em um futuro incerto. Quando a lembrança de derrotas recentes é muito maior que a expectativa de triunfos futuros, perseveram os mais firmes. Não são muitos.

O papel das lideranças inevitavelmente aumenta, assim como a pressão do estrelismo. A resistência em locais de trabalho e moradia, de estudo e convivência, assume uma forma molecular e quase invisível. O funcionamento coletivo para tomar decisões é sempre mais lento. A projeção dos dirigentes nas mídias assume mais protagonismo, a pressão da resposta rápida estimula aventuras em voos solo. A urgência substitui a paciência.

O prestígio dos porta-vozes cresce à custa do trabalho em equipe e culmina com a marginalização dos organismos. A fama alcançada por um dos nossos pode ser um instrumento a serviço do projeto da organização. Mas a celebrização também pode transformar uma vitória em derrota. Lideranças que não aceitam mais a pressão dos controles coletivos são desmoralizadoras, tóxicas e, finalmente, destrutivas.

O mais grave, no entanto, é o sacrifício da estratégia à tática. Uma organização de esquerda sem uma estratégia política é um barco sem bússola. A estratégia que buscamos responde à questão central da luta pelo poder, e deve obedecer a um critério de classe. Não adianta sacrificar o programa para chegar ao poder. O poder pelo poder, se não estiver amparado na mobilização e na organização dos trabalhadores e do povo, é uma armadilha.

As táticas não são um fim em si mesmas. Quando não estão orientadas para uma estratégia, reduzem uma organização de esquerda a um imediatismo perigoso e estéril.

Já vivemos a experiência trágica do caudilhismo no último ciclo da esquerda brasileira. Podemos ser melhores do que isso.

A SOLIDARIEDADE

Milhares de militantes de esquerda se engajaram em ações de solidariedade com os desamparados. As ações que aliviam o corpo combatendo a fome são formidáveis, magníficas, maravilhosas. Têm enorme valor. Quem tem fome tem pressa. Todo esse empenho, essa doação, essa entrega, nada será em vão. Porque provam e ensinam que as pessoas não estão sozinhas, que a fraternidade humana ainda existe.

Essas ações ficarão gravadas para sempre nas memórias das famílias assistidas. Aqui também se arriscou a própria vida pela vida: ninguém ficará para trás! Senti um enorme orgulho e me emocionei ao ver a militância de esquerda brasileira atuando no campo de batalha, arriscando a vida na distribuição de cestas básicas e máscaras. Revolucionários devem agir assim. Nada é mais importante que a vida do próximo.

Nos primeiros meses de 2020, a crise sanitária se transformou em calamidade social, com mais de 100 mil pessoas contaminadas e 7 mil mortos, embora a subnotificação fosse, na melhor das hipóteses, de 100%. Passou-se então a mais de mil mortes por dia, no momento apocalíptico da pandemia.

O Brasil, então, transformou-se no epicentro da pandemia, com mais de 50 milhões de invisíveis ao Estado recebendo uma renda mínima de emergência. Mas foram mais de 90 milhões que se apresentaram para pedir o auxílio. Nesse contexto, é perturbador que, em ambientes da esquerda radical, diminuam o valor das ações solidárias promovidas durante a pandemia pela esquerda e por muitos movimentos populares como o Movimento dos Trabalhadores Sem-Teto (MTST) e o Movimento dos Trabalhadores Rurais Sem Terra (MST), além dos partidos. Não se trata de assistencialismo.

Acompanhar as ações com um discurso político educativo é importante, mas por si só elas possuem um enorme valor revolucionário.

Porque tratava-se de uma catástrofe humanitária mundial, que ameaçava a vida de milhões em todo planeta, com impactos econômicos e sociais profundos, em especial sobre os mais vulneráveis. Diante do vírus, a fragilidade humana provocada pelo capitalismo – sistema de saúde sucateado, falta de vacinas etc. – foi tamanha que não restou outra coisa às pessoas senão se trancar em casa em busca de proteção, um último recurso na emergência.

De uma hora para a outra, milhões de pessoas deixaram, ou diretamente perderam, seu emprego (e qualquer renda). Era o que tinham para viver. A renda mínima de emergência foi completamente insuficiente.

Abandonados pelo "mercado" e pelo Estado, deixados à sua própria sorte, milhões se viram totalmente desprotegidos com duas ameaças à sua frente: a morte e a fome. É o efeito que costuma ser provocado pelas grandes catástrofes. Quem lhes pode salvar a vida? Apenas a solidariedade humana. Não lhes resta alternativa.

Nessas condições, a solidariedade ou ajuda mútua cumpre o papel que queremos que a revolução cumpra. Sim, claro, não é a revolução socialista. Mas é uma ação que nos deve fazer recordar o mutualismo da aurora do movimento socialista no século XIX. A defesa da fraternidade humana estava na raiz do socialismo utópico. E, nessas condições, adquire um caráter revolucionário. Trata-se de um enorme fermento na auto-organização popular. Por isso, foi emocionante ver a militância de esquerda mais jovem, e não poucos veteranos corajosos, saindo às ruas para recolher doações e entregá-las nos bairros populares e comunidades mais carentes.

Também ocorreram panelaços de solidariedade aos profissionais da saúde que arriscam sua própria vida em defesa da vida, além de protestos, lembrando Bolsonaro de que, mesmos confinados, seguíamos lutando, de que não perdêramos a esperança, de que a luta continuava: por ora em nossos casulos, mas logo em campo aberto.

São essas ações que preparam o futuro e, por isso, ainda existe esperança. O exemplo das enfermeiras em Brasília, no dia 1º de maio de 2020, também foi extraordinário. Primeiro pela coragem de sair para a Praça dos Três Poderes, em frente ao Palácio do Planalto. E depois pela grandeza, altivez e dignidade com que resistiram às provocações dos fascistas. E o mais sensacional foi a ciclista que colocou o provocador bolsonarista para correr. Um orgulho.

TEORIAS DA CONSPIRAÇÃO

Precisamos discutir a perigosa influência de teorias da conspiração na esquerda. O tema é delicado porque não temos o direito de ser ingênuos. Sim, há mistérios nas relações de poder da vida socioeconômica e política. Há grupos, ações e planejamentos sigilosos com fins ocultos. Há mesmo conspirações, e todos os dias. Edward Snowden e Julian Assange foram e são perseguidos porque investigaram o papel dos serviços de inteligência estadunidenses, como a Agência de Segurança Nacional (NSA) e a Agência Central de Inteligência (CIA). Todos os Estados têm serviços de informações. A Agência Brasileira de Inteligência (Abin) é ativa e monitora toda a esquerda.

Realmente existem maquinações, tramas, conchavos e operações secretas. Existem porque são eficientes. Devem ser implacavelmente investigados e denunciados.

Mas há também o lugar do acidental, do fortuito e do aleatório. A história é uma sequência de lutas em que dialeticamente incidem a necessidade, a enorme força de pressão dos interesses organizados, e também o acaso, a contingência e o imprevisto. Doenças matam (Tancredo Neves), aviões e helicópteros caem (Teori Zavascki e Ulysses Guimarães), acidentes de carro acontecem (Juscelino Kubitschek) e malucos estão à solta (Adélio Bispo e a facada em Bolsonaro). Isso pode ser angustiante e perturbador, mas é assim.

A pergunta "quem se beneficia?" não é, portanto, suficiente para tirar conclusões. Uma narrativa que culpabiliza o inimigo pode ser construída com muita facilidade, sem que seja verdadeira.

Apesar de controverso, o termo teoria da conspiração não é depreciativo, insultuoso ou pejorativo. É apropriado quando há uma fabulação fantasiosa na busca de explicar um acontecimento. O pensamento conspiratório expressa uma compreensível incredulidade, desconfiança e suspeita diante do inesperado, do imprevisível, do impensável.

Mas também há a pressão de padrões de pensamento da mente humana, como o viés de confirmação que, em máximo grau, alimenta fantasias paranoicas ou ideias persecutórias. Trata-se de um enviesamento psicológico: a tendência em lembrar de informações que confirmam crenças. Em casos extremos, manifesta-se a compulsão obsessiva em construir uma correlação imaginária ou falsas associações entre dois eventos.

Teorias da conspiração desconsideram o jornalismo investigativo profissional e a boa ciência. A análise histórica tem instrumentos de pesquisa para desmascarar os conluios. A mentira tem pernas curtas. O destino de toda cabala é ser desmascarada. Não precisamos nos iludir com conspirações imaginárias. Já estamos bem servidos de conspirações reais.

O problema é que uma parcela importante do povo é muito vulnerável a teorias da conspiração. Porque elas parecem fazer sentido em um mundo percebido como obscuro, ambíguo e confuso. As forças políticas mais reacionárias na sociedade brasileira exploram, até o limite do absurdo, as teorias da conspiração.

As mensagens do bolsonarismo pelas redes sociais, nas eleições de 2018, por exemplo, envenenaram milhões de consciências com uma suposta articulação do Foro de São Paulo para transformar o Brasil em uma Venezuela. Bolsonaro defende que o socialismo prevaleceu no país entre o fim da ditadura e sua eleição. Também insiste em uma versão paranoica para o atentado de Juiz de Fora: quer criminalizar a esquerda brasileira, responsabilizando-a pela facada. O recurso às teorias da conspiração pelos neofascistas, para garantir maior eficácia à manipulação política, não deve nos surpreender.

Tampouco a força de teorias da conspiração deve nos surpreender. O tema não é simples. Até mesmo entre a esquerda marxista mais crítica há quem esteja, em princípio, predisposto ou de mente aberta a aceitar conspirações onde elas não existiram. Há uma grande diferença entre uma pessoa aderir a uma teoria de conspiração e uma liderança ou organização defender uma. São graus de responsabilidade distintos.

A esquerda brasileira não deve usar esses métodos. Ainda assim, uma parcela significativa do ativismo abraçou, por exemplo, a teoria de que a facada em Bolsonaro em Juiz de Fora não teria acontecido. É indiscutível que o episódio foi decisivo. Se Bolsonaro já estava posicionado para ir ao segundo turno no início de setembro de 2018, o atentado o colocou como favorito.

Não, não foi uma armação. Não é possível uma operação secreta nessa escala, com a garantia de cumplicidade de dezenas de pessoas, em dois hospitais, em duas cidades diferentes. Não obstante, dezenas de milhares de militantes ainda hoje acreditam que houve um complô para vitimizar Bolsonaro.

A relação entre o atraso cultural do país e a despolitização política não é simples. Há nações em que o nível cultural médio é relativamente elevado e o grau de politização é baixo, como em muitos países centrais. E também há o fenômeno inverso, como na Bolívia. Mas essas duas variáveis têm correlações. A ideia de que forças ocultas e poderosas estão por trás de eventos aparentemente inexplicáveis se apoia na premissa de que acontecimentos com consequências extraordinárias devem ter causas graves, sérias, racionais. Paradoxalmente, também se apoia no anti-intelectualismo latente.

O anti-intelectualismo se legitima em crenças ou argumentos ideológicos. A crença popular é uma fé que não depende de pensamento crítico, reflexão racional ou análise objetiva, como cálculo de probabilidade ou exame isento de provas. Basta a força do desejo.

Atualmente, a teoria de conspiração mais popular nos meios reacionários é o "marxismo cultural", que seria uma estratégia de Antonio Gramsci, supostamente difundida pela Escola de Frankfurt e usada pela esquerda mundial para desafiar o cristianismo e derrotar o capitalismo. Trata-se de uma fábula delirante.

Há quinze anos teve alguma repercussão a teoria de que os ataques de 11 de Setembro de 2001 teriam sido facilitados pelo governo de George W. Bush, a fim de dar aos Estados Unidos um pretexto para iniciar as guerras contra o Afeganistão e o Iraque, promover restrições aos direitos civis no país, com a aprovação da Lei Patriótica, e iniciar ações de espionagem em larga escala.

O assassinato de Leon Trótski no México, em 1940, por Ramón Mercader, um catalão que recebeu treinamento do Comissariado do Povo para Assuntos Internos (NKVD) soviético, foi um dos crimes mais monstruosos do século XX. Essa conspiração marcou o destino da corrente inspirada no programa do internacionalismo revolucionário.

Se existe uma corrente na esquerda que deve ter consciência de que conspirações existem, essa corrente é o trotskismo. Por isso mesmo, os trotskistas não podem sucumbir ao perigo do pensamento conspiratório. Uma interpretação catastrofista da realidade, associada a uma mentalidade paranoica, é uma caricatura grotesca do marxismo.

O VOO SOLO E A ATUAÇÃO EM REDES SOCIAIS

As redes sociais tiveram uma expansão meteórica, colossal, assombrosa. É impossível desconsiderar a importância da militância no Twitter, Facebook, Instagram e WhatsApp. É tão importante que assistimos ao deslocamento do papel que tinham as mídias comerciais, em especial a televisão. Essa transformação impactou a esquerda. Até dez anos atrás, as principais protagonistas do debate público eram as organizações políticas, representadas pelas suas figuras públicas: parlamentares, dirigentes sindicais, porta-vozes. Ainda é parcialmente assim, mas algo mudou com a explosão das redes sociais. A militância em voo solo decolou.

Surgiu a figura da liderança midiática. Indivíduos que têm uma audiência monumental. A crise da esquerda brasileira, em função do acúmulo de derrotas, também desautorizou as organizações, umas mais, outras menos. Algumas personalidades cumprem um papel admirável: divulgam a luta dos trabalhadores, dialogam com a juventude e se dedicam à educação feminista, antirracista, anti-LGBTfóbica e socialista. Elas têm compromissos, dedicam imensa energia, expõem-se a grandes riscos e, tão importante quanto, apresentam-se ao serviço de campanhas e organizações revolucionárias. Quando a maioria do ativismo da nova geração resiste a qualquer forma de organização, o exemplo é a pedagogia mais eficaz. Mas outros exploram as vantagens da visibilidade em voo solo. Elas existem. Nossos inimigos de classe não são distraídos. A condição de independência pode alimentar a ilusão de liberdade, mas significa estar sozinho. E não avançamos sozinhos.

A militância individual, nas redes ou nas lutas, nunca poderá substituir o papel dos coletivos militantes. Organizações políticas não são uma burocracia, mas uma ferramenta de luta. Sem instrumentos coletivos de auto-organização na luta pelo poder, os trabalhadores, a juventude e os oprimidos estarão sempre em condições inferiores diante da classe dominante. Não há sequer como imaginar a transformação do mundo sem a derrota do capitalismo. E se alguma lição foi escrita com sangue ao longo dos últimos 150 anos, é que a luta socialista exige uma estratégia revolucionária. Uma corrente política é um organizador coletivo que considera as flutuações de conjuntura, pensa em táticas, toma a iniciativa das lutas, fixa objetivos, lança palavras de ordem, alimenta campanhas, reflete sobre a hora de recuar, manter posição ou avançar e, sobretudo, defende um programa. Uma organização política é um coletivo que recolhe as lições dos combates anteriores, em um balanço que deve ser paciente, calmo e rigoroso.

Um dos pilares dessa estratégia é a construção de organizações revolucionárias marxistas. A experiência histórica confirma que sempre existe o perigo real da burocratização de qualquer organização. Mas as críticas à forma partido esquecem que os movimentos sociais, as ONGs e os sindicatos tampouco estão imunes ao funcionamento autoritário, ao abuso de poder, à degeneração burocrática ou à corrupção de lideranças. A força do dinheiro nunca pode ser subestimada. Mas há outros perigos além da cobiça material. A manipulação da vaidade humana é um perigo igualmente destrutivo. Na etapa aberta pela força avassaladora das redes sociais, a busca de popularidade rápida, notoriedade instantânea, prestígio, fama ou renome se transformou em uma armadilha de cooptação na esquerda. O infantilismo não absolve ninguém. A força da imagem é poderosa. A tentação é grande. E, quando se atua por conta própria, não é difícil se esquecer de que a relação entre meios e fins é indivisível.

As correntes políticas de esquerda não estão blindadas contra o perigo burocrático. Estão sempre expostas. Mas não é verdade que lideranças individuais são mais confiáveis que coletivos ou tendências. Organizações são imperfeitas por vários fatores. O principal são as condições desiguais dentro delas. E não é a organização da forma partido, ou o regime interno de centralismo democrático, que cria uma burocracia. As desigualdades internas de nossos coletivos repousam nas desigualdades que se perpetuam na sociedade, a começar pela origem de classe. Entretanto, mesmo entre os militantes que nasceram em famílias de trabalhadores, alguns têm jornadas de trabalho mais longas, mais estafantes e mais brutais do que outros. Alguns contaram com um apoio familiar maior do que outros, ganharam alguma herança, recebem salários mais altos, têm mais dias de férias. Alguns tiveram a oportunidade de uma instrução maior e melhor, puderam fazer viagens ou têm saúde melhor. As mulheres, os negros, os indígenas e os LGBTQIA+ sofrem opressão machista, racista e LGBTfóbica. Além disso, os militantes são pessoas diferentes. Têm capacidades e limitações variadas. As diversidades não são anuladas de um dia para outro em um coletivo de revolucionários que se unem em torno de um programa. O que define uma organização saudável é que, apesar de todas as dessemelhanças, disparidades e heterogeneidades, todos têm direitos e deveres iguais.

Pessoas com capacidades formidáveis devem merecer o nosso respeito. Mas não podem substituir o lugar das organizações coletivas. O movimento socialista é inspirado pela lealdade de classe. Queremos controlar nosso movimento. Viemos de longe. Queremos que todos se sintam igualmente responsáveis diante do coletivo, o que impõe humildade, em especial aos porta-vozes. Quem se organiza voluntariamente e assume um lugar público, seja um mandato sindical ou parlamentar, o papel de influenciador ou divulgador, deve saber que não pode falar o que quer ou expressar qualquer capricho se tem uma relação séria com a esquerda. Essa pessoa tem responsabilidades e sabe que será cobrada pelo que diz e faz em todos os lugares, nos meios de comunicação e nas redes sociais. Trata-se de um acordo ou compromisso democrático com a organização enquanto coletivo. Porque o que se diz compromete a todos.

A INDIVIDUALIDADE

> A base objetiva do humanismo de Marx e ao mesmo tempo de sua teoria da evolução social e econômica é sua análise do homem como animal social. O homem, ou melhor, os homens executam *trabalho*, isto é, criam e reproduzem sua existência na prática diária, respirando, buscando alimento, abrigo, amor etc. Fazem-no atuando *na* natureza, tirando da natureza (e, às vezes, mudando conscientemente a natureza) para essa finalidade [...].
>
> Ao mesmo tempo, porém, este processo pelo qual o homem se emancipa de suas condições naturais originais de produção é um processo de *individualização*. "O homem só se individualiza (*vereinzelt sich*) através do processo da história. Surge originalmente como um ser genérico, um ser tribal, um animal gregário".
>
> Eric Hobsbawm, *Como mudar o mundo*

Organizações socialistas não têm opinião sobre tudo. Elas são ferramentas de luta política na defesa de um programa. Não devem ser monolíticas. É previsível que tenham constantes debates internos sobre diferentes táticas inspiradas no mesmo programa. Quando e como polêmicas táticas são ou não públicas, cada organização deve decidir à luz de seu regime interno. O que define a militância é a disciplina política. O centralismo não deve se impor sobre temas que não são políticos. Os militantes devem ter plena liberdade de opinião sobre os temas mais variados da vida cotidiana, do lazer, da cultura e da ciência.

Coletivos não podem diminuir, sufocar, amordaçar e anular a expressão individual de ninguém, muito menos de seus membros. Ao contrário, eles devem estimular a livre expressão dos diversos potenciais de cada militante. Há uma dimensão privada na vida. Há uma parte dessa experiência que é, inclusive, estritamente pessoal.

A individualização foi uma conquista social histórica. Não deve ser confundida com individualismo. Nossas organizações são inspiradas em ideias coletivistas, mas não querem erguer seitas em que todos pensam de maneira igual. Coletivismo é o avesso, oposto ou contrário de individualismo. Defende uma ideia simples, mas poderosa: os interesses de muitos devem ser prioritários diante dos interesses de poucos.

Quando atravessamos uma etapa defensiva e desfavorável na luta de classes, e a disputa pelo poder fica mais difícil, tende a ocorrer um duplo processo. Uma parcela da militância mais cansada, desgastada ou desmoralizada se afasta dos coletivos organizados. Outra parte se engaja na superpolitização de tudo. São processos compreensíveis e até previsíveis, mas não inofensivos.

A invasão do espaço privado, e sobretudo da vida pessoal, não é um bom critério. A experiência de compartilhar compromissos políticos une as pessoas em uma empolgação intensa. Em especial quando somos jovens, o pertencimento a uma comunidade é muito estimulante. Mas discutir a vida alheia não é saudável. Colaboração militante não é o mesmo que intimidade pessoal. Intimidade é algo que se oferece, não se toma. A intimidade de cada um deve ser sempre respeitada.

As preferências, inclinações e escolhas de cada um também não devem ser temas submetidos ao escrutínio coletivo. Os militantes têm seus gostos e idiossincrasias. Ninguém é melhor ou pior por isso. O que cada um decide comprar não é da conta de ninguém. Não submetemos à discussão do coletivo em que atuamos os hábitos de consumo individuais. Ninguém deve se sentir criticado, discriminado ou excluído por eles.

Os hábitos alimentares devem ser igualmente livres e diversos. Dietas onívoras, veganas ou outras podem ser debatidas. Mas é insano querer decidir do que os outros devem gostar. Os lazeres são necessariamente variados. Uns adoram praticar esportes e acompanhar competições, outros não. Uns gostam de sair para beber e conversar; uns gostam de jardinagem, montanhismo, outros odeiam. Uns gostam de ler e estudar, outros não tanto. Uns adoram televisão, novelas e programas de humor, outros preferem teatro, carnaval, balé e ópera. Os estilos musicais são os mais diferentes.

Alguns se vestem de um jeito formal; outros, esportivo; outros, sem "nenhum" estilo. Não importa, não usamos uniformes. Alguns curtem acessórios, adoram tatuagem ou se perfumam. Os cabelos podem ser grandes, curtos, coloridos ou raspados. Nada disso importa. Somos camaradas, mas diversos.

O que nos une é a luta por um programa político. O que é importante é que tenhamos pleno conhecimento desse programa. Nada menos, mas, tampouco, nada mais. Evidentemente, há um grande compromisso nesse engajamento. A luta contra o capitalismo não pode ser um hobby. A militância não é um trabalho, mas também não é uma diversão.

Não temos nada contra os passatempos. A vida adulta nos pede a capacidade de nos distrairmos. Há os que preferem fazer coleções, aeromodelismo, pescaria, pintura, cozinha, leitura, cinema, cantar, dançar, fotografia etc. Respeitamos a individualidade de cada um. O respeito não nos enfraquece, fortalece-nos.

O marxismo é uma das correntes históricas do movimento socialista. Uma de suas características é a defesa do igualitarismo anticapitalista. O igualitarismo marxista é coletivista. Identifica na propriedade privada o fundamento jurídico do capitalismo. Defende a igualdade social e a socialização da propriedade privada.

Argumenta que a existência do capital é indissociável do aumento da desigualdade social. A igualdade social defendida pelo marxismo não é somente a igualdade de oportunidades. Os socialistas também acolhem e defendem a equidade social. Reconhecem como progressiva a justiça e a legitimidade da luta pela equidade social na sociedade capitalista. Mas a defesa da equidade social é inferior à igualdade social.

A luta pela equidade social é um combate pela igualdade jurídica, mas também, entre os liberais mais honestos, pela igualdade real de oportunidades ou equiparação de direitos e deveres. Isso significa tratamento igual dos desiguais, uma forma meritocrática de nivelação. Mas oferecer garantias universais e iguais para indivíduos desiguais perpetua a desigualdade, não a corrige. É um programa de reforma do capitalismo que impõe freios ao aumento da desigualdade. O movimento socialista, por sua vez, ambiciona superar o capitalismo. Por isso, o critério socialista é tratar de forma desigual os desiguais.

Há muitos na esquerda que estão seriamente comovidos pela injustiça da desigualdade social, mas não romperam com os limites de uma visão liberal-democrática do mundo. Quando se aproximam de uma organização socialista, ficam um pouco chocados com nosso compromisso coletivista, porque idealizam a equidade e temem a perspectiva da igualdade social. Os terríveis limites históricos das experiências de transição ao socialismo tampouco ajudam a superar as desconfianças.

Nesse terreno, recorremos a Marx. Não somos mais "animais gregários", somos seres sociais que transformam o mundo e a nós mesmos. A individualização foi historicamente progressiva. Mas a função da propriedade privada do capital não é defendê-la, e sim amputá-la. Porque não há liberdade entre desiguais.

O ENVELHECIMENTO

> Azeite, vinho e amigo, o mais antigo.
>
> Sabedoria popular portuguesa

> Sentir como uma perda irreparável o acabar de cada dia.
> Provavelmente, é isto a velhice.
>
> José Saramago

É muito raro que alguém se engaje na militância quando idoso. E são poucos os sobreviventes de uma vida inteira dedicada ao ativismo. Temos poucos anciãos na esquerda brasileira. Envelhecer é um processo que chega, cedo ou tarde, e descobrimos novos limites, ou nos sentimos mais cansados. Mas o maior medo de militantes idosos é o desamparo, a solidão ou, pior, o esquecimento e o abandono.

Desde os anos 1980, a desigualdade social não parou de aumentar no mundo. Entretanto, a expectativa de vida, por uma combinação de variados fatores, aumentou em escala mundial, e está alterando qualitativamente o perfil demográfico das sociedades contemporâneas.

É uma mudança de padrão que só pode ser comparada com outras três transformações estruturais dos últimos setenta anos: (1) a mutação provocada pela acelerada urbanização das últimas sete décadas, que reduziu a população camponesa a uma fração minoritária em grande parte dos países centrais e, também, em algumas nações periféricas; (2) a modificação provocada pela crescente integração das mulheres ao mercado de trabalho e a conquista de elevados graus de autonomia socioeconômica, que subverte as formas mais arcaicas de patriarcalismo; (3) a tendência à redução ou até erradicação do analfabetismo com o aumento do acesso à educação.

A transformação do envelhecimento é, talvez, mais difícil de ser plenamente avaliada. A velhice é, como todas as condições da vida, distinta para cada classe social. A imensa maioria dos trabalhadores se descobre idoso muito mais cedo, às vezes uma ou duas décadas antes, porque uma vida de trabalho duríssima compromete músculos, nervos e mente. Como em outros terrenos da complexa experiência humana, também há compensações. A vida pode ser menos amarga, eventualmente até mais feliz, quando nos conhecemos mais e melhor a nós mesmos.

Existem preconceitos contra o envelhecimento. Se pensarmos o tema das etapas da vida em perspectiva histórica, o padrão foi a opressão da juventude e da velhice, porque a maioria das pessoas nessas duas fases é menos produtiva e tem graus variados de dependência dos adultos. No Brasil, o etarismo ou opressão dos mais velhos prevalece.

A subestimação dos idosos é crônica e assume formas paternalistas, como a infantilização, e grotescas, como o desrespeito. Ela se expressa não somente no mercado de trabalho, mas em todas as esferas da vida social. Tem raízes históricas, porque a solidariedade entre as gerações colocava os velhos como responsabilidade dos mais novos e, portanto, como um estorvo.

Não é fácil envelhecer. Ninguém escapa das armadilhas do tempo. A velhice tem uma dimensão subjetiva, pois as pessoas têm percepções diferentes quando se sentem idosos. Mas envelhecer tem, sobretudo, uma medida objetiva, que são as inescapáveis perdas impostas pela idade. Evidentemente é muito diferente envelhecer com ou sem saúde física. É muito diferente envelhecer solitário ou cercado de relações afetuosas. Mas, mesmo ao descobrir os caminhos da complexa arte de envelhecer bem, seria absurdo ignorar que a vida tem variadas e diferentes fases, entre as quais a inevitável velhice.

Na esquerda, a idealização de velhos militantes é uma atitude simpática, mas não honesta. Ser um veterano não faz de ninguém um sábio. A esquerda não deve ser liderada por uma gerontocracia. Seria uma deformação perigosa não abrir caminho para a colaboração e convivência de várias gerações.

Contudo, desconsiderar a valiosa experiência acumulada e deslocar os mais velhos é uma miopia política. Desconsiderar as lições deixadas pelas lutas dos que nos antecederam é uma forma de empirismo, um elogio prepotente da ignorância. É obtuso e imediatista pensar que os problemas do tempo presente são sempre desafios inteiramente novos. As analogias são sempre instigantes. Aprender a ouvir exige paciência, uma das qualidades da inteligência.

Dramatizar o envelhecimento é um desastre, mas romantizá-lo não é um bom critério. A velhice fragiliza os indivíduos em diferentes graus. Quem deixa de ser escutado acaba por desistir de compartilhar. A esquerda não pode prescindir de seus militantes mais experimentados. Tampouco pode alimentar a ilusão de que os quadros veteranos continuarão a cumprir o mesmo papel.

Há cinquenta anos, homens e mulheres de sessenta anos eram percebidos como anciões. Hoje ainda podem ambicionar muitos anos de vida ativa. O desafio para os veteranos tem várias dimensões. Há o perigo da desmoralização e do adoecimento. A desmoralização pode ser pessoal, quando amarguramos e perdemos a confiança em nós mesmos, ou política, quando angustiamos e perdemos a confiança na luta da classe trabalhadora, nos oprimidos e no projeto socialista. O adoecimento pode ser físico, com o desenvolvimento de alguma moléstia crônica, ou emocional, em função de algum mal-estar psíquico. Podem ser evitados pela plena compreensão de que é preciso mudar a relação que mantemos com nós mesmos e com os outros.

Mas mudar é difícil, embora não seja possível ganhar se não temos a disposição de perder. O que impõe a necessidade de reposicionamento para contornar os perigos de "senilidade precoce". É muito triste envelhecer "sem noção" do lugar que se pode preencher.

Os militantes calejados pelo tempo têm três grandes limitações: a teimosia, a soberba e a rabugice. A teimosia é a armadilha do excesso de obstinação por uma ideia ou proposta, o capricho, a birra. A soberba é o perigo do excesso de orgulho, a arrogância, a presunção. A rabugice é o risco do excesso de queixa, a reclamação, a autopiedade.

O mais comum não é que os velhos sejam menos rígidos e mais flexíveis. Ao contrário, a capacidade de ter paciência diminui com o avançar da idade. Tampouco o mais comum é que o talento da alteridade se desenvolva com os anos.

Uma organização política de esquerda é movida por ideias, mas também por sentimentos. Ela pode estar inquieta, temerosa ou preocupada se foi convocada a decidir sobre uma luta. Sem empatia não há como se estabelecerem relações de confiança. Todo militante está pedindo aos outros que confiem nele. Idosos, mais do que ninguém, procuram aprovação. Para consegui-la, devem oferecer primeiro aquilo que estão pedindo aos outros. O afeto da confiança deve ser grande o bastante para que justifique a reciprocidade.

O ESTILO DE VIDA

> Não se faz uma omelete sem quebrar os ovos.
> Um gesto vale mais que mil palavras.
>
> Sabedoria popular portuguesa

O ativismo do estilo de vida está atraindo muito a juventude. Suas causas são simpáticas, imediatas, definidas, simples e mínimas. Claramente inclinados à esquerda, os jovens dispõem-se a se organizar de forma militante abnegada e desinteressada. Querem agir agora e já.

A bandeira pode ser a defesa de um comportamento social solidário, como a organização em comunidade para comprar alimentos saudáveis sem agrotóxicos, ou a formação de cursinhos populares para facilitar o acesso de estudantes das classes populares à universidade pública; a organização da reciclagem do lixo ou a instalação doméstica de painéis de energia solar em um prédio; o respeito aos direitos dos animais domésticos ou o boicote ao consumo de algumas mercadorias; a rearborização das cidades ou a construção em mutirão de casas populares. É, enfim, uma pauta muito ampla.

São, em imensa maioria, solidários com a luta contra a injustiça, têm empatia com os direitos dos mais explorados e oprimidos, se posicionam ao lado dos movimentos negros, feministas e LGBTQIA+. Os grupos são variados e, em geral, muito apaixonados. São muitos, na escala de milhares ou até mais, os que descobrem uma disposição de militância por essa via.

Também há um ativismo dedicado a defender mudanças nos comportamentos individuais: um tipo de dieta específica, a prática de meditação, as vantagens da amamentação materna, a redescoberta do ciclismo contra o uso de automóveis, a organização de torcidas de futebol, e por aí vai.

Há ecos do possibilismo das primeiras décadas do marxismo associado às esperanças das correntes que passaram para a história como socialistas utópicos.

E alguma inspiração em debates pós-revolucionários, perdidos no passado, que remetiam aos temas do modo de vida.

Mas também há a busca pela coerência entre o que se pensa e o que se faz aqui e agora. Certo é que uma parcela mais radicalizada da nova geração decidiu que transformar o mundo significa, também, transformar a nós mesmos. Ela tem razão. O elemento comum é a superpolitização do comportamento individual, das escolhas pessoais, da dimensão pessoal da vida cotidiana como indivisível de uma vida adulta plena, decente e responsável. Alimentação, consumo, saúde, lazer, transporte, educação dos filhos, escolha de escolas, cuidado dos idosos, tudo está em disputa e discussão. É uma geração séria e merece respeito.

A politização da vida social em novas dimensões é um fenômeno progressivo, porque alerta para a inescapável responsabilidade de cada um pelos seus atos, a começar pelos que parecem banais, mas não são. O fenômeno só pode ser compreendido no contexto de ampliação das necessidades, do salto qualitativo do processo de urbanização e da elevação dos graus médios de instrução.

Mas, como tudo é contraditório, trata-se de um ativismo menos preocupado com as táticas de luta pelo poder, portanto menos político e com um impulso radical menos ideológico. Prevalece o ceticismo sobre a possibilidade de triunfo de uma revolução. Só pode ser compreendido na etapa histórico-política reacionária aberta na virada da década de 1980 para 1990, com a restauração capitalista e o desencanto da perspectiva de uma transformação socialista do mundo.

Há um fio condutor: "se não há a perspectiva de vitória iminente de revoluções anticapitalistas, comecemos por mudar nossas vidas, quem sabe assim contribuímos com a mudança do mundo".

Milhares de jovens inquietos e sensíveis despertam para a necessidade de lutar contra a exploração e a opressão, mas já desiludidos. Não se identificam, mesmo com mediações em diferentes graus, com os partidos de esquerda desgastados pelas deformações burocrático-eleitoralistas nem com os antigos instrumentos coletivos de luta, como os sindicatos.

A ação coletiva ainda é valorizada, mas as velhas organizações, adaptadas às rotinas institucionais, são vistas com desinteresse e desconfiança. Os projetos utópicos, as grandes causas, as aventuras revolucionárias são percebidos como estratégias talvez irreais, como fantasias imaginárias e quimeras ilusórias. Estão desiludidos nesse terreno, mas equivocados.

Estão enganados porque não há qualquer perspectiva de um mundo melhor sem a luta contra o capitalismo. Todas as tentativas de regular o sistema fracassaram ou foram efêmeras. E não há perspectiva de vitória na luta anticapitalista sem massivas mobilizações de explorados e oprimidos. Elas virão. Só elas têm a força social para derrotar o capitalismo. Não sabemos quando, mas virão. Esse combate exige instrumentos coletivos de organização. Eles podem ser melhores do que as organizações construídas pela geração mais velha.

A PARCERIA AMOROSA

> As estrelas não estão mortas só porque o céu está nublado.
> Sabedoria popular árabe
>
> Nunca se esquecem as lições aprendidas na dor.
> Sabedoria popular africana
>
> Um homem não está onde mora, mas onde ama.
> Sabedoria popular italiana

É muito comum que existam casais em todas as organizações de esquerda. A formação de um casal pode ser anterior à decisão de assumir um compromisso político, ou pode acontecer durante a experiência militante. Não importa, porque o amor é um sentimento muito poderoso e nunca deve ser subestimado. Ser companheiro e camarada ao mesmo tempo é um desafio permanente.

Não é um bom critério que militantes que decidem se unir afetivamente atuem no mesmo organismo, sobretudo quando as equipes são pequenas. Ativistas que são companheiros e camaradas ao mesmo tempo naturalmente terão opiniões distintas sobre os mais variados temas táticos. São dois tipos de relação diferentes.

Mas seria ingênuo e até superficial desconsiderar que a participação constante no mesmo organismo pode atrapalhar o funcionamento da equipe de militância e provocar turbulência na relação afetiva, seja com acordos, seja com diferenças.

Quando militantes unidos por uma relação afetiva estão em um mesmo organismo, é inevitável que surjam variadas tensões. Organismos são equipes de ativistas que se reúnem regularmente para discutir suas ações e a realidade em que estão inseridos. Fazem-se planos, pensam-se iniciativas, discute-se uma linha, elaboram-se balanços. Nesse processo, é inexorável que existam diferentes opiniões, sensibilidades e nuances. Em algum momento, uma decisão é necessária e há votação.

Se os dois militantes que estão romanticamente envolvidos votam com muita frequência ou sempre juntos, cria-se uma situação delicada que pode ser embaraçosa, crítica e penosa. Porque pode ameaçar as relações de confiança com os outros. É mais complicado quando os organismos são pequenos. É ainda mais grave quando os organismos são de direção.

Relações de confiança são importantes. São dramaticamente importantes. A confiança tem graus variados, mas é sempre o alicerce das relações políticas. As discussões em uma reunião não se esgotam em seu espaço e tempo. Os parceiros amorosos inevitavelmente continuarão a refletir e conversar entre si.

Essa dinâmica tende a favorecer a formação de opiniões comuns. A tensão mais grave será entre o casal e os outros militantes do mesmo organismo. Porque é muito grande o perigo de o casal involuntariamente se transformar em uma camarilha.

O paradoxo é que a substância que une uma camarilha é a confiança que uma relação amorosa potencializa. Mas ela pode envenenar a confiança dos outros militantes no casal. A confiança é um afeto complexo. Ela repousa em experiência, honestidade, lealdade, permanência, continuidade, previsibilidade e segurança. Na construção de um coletivo militante, é essencial que as diferenças de opinião não se transformem em desconfiança pessoal. Discordar da posição de alguém nunca pode ser diminuí-lo, desvalorizá-lo ou desautorizá-lo.

O terreno da ação política é a análise crítica, a elaboração da dúvida, a formulação de hipóteses e a discussão de ideias. Ele não pode ser contaminado pela desconfiança pessoal. Mas há sempre o perigo das rivalidades pessoais.

A regra de que militantes que formam um casal não devem estar no mesmo organismo nos protege de nós mesmos.

A ORATÓRIA

> A árvore, quando está sendo cortada, observa com
> tristeza que o cabo do machado é de madeira.
>
> Sabedoria popular árabe

A vida é uma luta. Lutas exigem ferramentas. A linguagem é cultura. A oratória é uma técnica. Ela surge na experiência social humana como recurso para agregar as pessoas, uni-las pela sobrevivência e, também, solucionar conflitos. Algumas de suas características são a arte da eloquência, o domínio do discurso, a clareza de expressão, a força dos argumentos e a intensidade do compromisso.

Ao surgir, há dezenas de milhares de anos, contribuiu para a construção de coletivos estáveis em sociedades igualitárias. A oratória é uma forma de comunicação. Ela une a horda humana em sociedades de caçadores-coletores e oferece coesão à tribo, que se organiza pelo parentesco e precisa lutar contra grupos rivais e contra a penúria imposta pela dificuldade de dominar a natureza. A oratória favorece a cooperação.

No mundo em que vivemos, há oratórias para quase tudo. Existem cursos de oratória para a formação de líderes religiosos, um tipo de discurso ultraespecializado em que os brasileiros constituíram uma escola. Há outros direcionados para vendas, por exemplo, oferecidos pelas grandes corporações. Há uma oratória destinada a executivos com o objetivo de motivar os funcionários e galvanizar a área em que atuam. Há uma oratória para o rádio, outra para a televisão. Há uma oratória para a educação e, dentro dela, diversas variantes com vieses específicos, como a dos cursinhos de vestibular. Há o discurso acadêmico, por exemplo, não poucas vezes hermético.

Cada época e cada classe produzem seus oradores. O discurso oral é uma forma de expressão que também tem um caráter de classe. O clássico orador da escola burguesa foi o bacharel em direito, com o vício das diversas citações em latim. Os tribunos populares criaram no Brasil outra escola de oratória, sobretudo nos anos 1980: o discurso de combate para a ação.

A especificidade da oratória socialista está em sua concepção como um trabalho coletivo. Ao contrário da política burguesa, que forma lideranças individuais carreiristas, portanto caudilhescas, a política das organizações de trabalhadores é uma atividade coletiva. Quem intervém não fala apenas por si mesmo. Grandes oradores são os porta-vozes do grupo que integram.

Nas equipes também estão os que têm mais talento para a solução de problemas, os que pesquisam e estudam um tema, os que articulam e organizam, os que escrevem e, talvez mais importante, os que são capazes de unir e agregar os militantes. Portanto, as habilidades necessárias na luta sindical, social e política são muitas e variadas, não só a eloquência. A oratória para a luta popular, para a mobilização dos trabalhadores e da juventude é o desenvolvimento de uma das habilidades para formar lideranças. Mas não é a habilidade mais importante. O melhor orador não é, necessariamente, a melhor liderança.

Cada época transforma a oratória. A oratória política, uma das mais antigas, sofreu fortes mudanças com a introdução do rádio, pois os discursos deixaram de ser presenciais. Falar presencialmente é muito diferente de falar no rádio, na televisão ou em uma *live* na internet.

A oratória militante contraria os estereótipos da política burguesa. Não devemos escolher quem terá a melhor imagem em uma tela para ser porta-voz das lutas sindicais, populares e políticas. Não acreditamos que o rosto mais fotogênico seja o melhor para a representação dos interesses dos trabalhadores. Nossos critérios diferem da vulgaridade da política institucional eleitoral. Só merecem ser escolhidos como nossos porta-vozes aqueles que, na luta de classes, já passaram por provas de dedicação, compromisso, coragem e inteligência. Por isso, apostamos que resistirão ao assédio que lhes será feito para abandonar a defesa dos interesses dos oprimidos. Esse perigo é muito real e não deve ser subestimado.

A oratória militante é diferente. Para atingir a ampla maioria do povo brasileiro, a oratória comercial, gerencial e a do direito são ineficazes. A oratória militante quer despertar o que há de melhor nas pessoas, não o que há de mais mesquinho, egoísta e alienado. Está a serviço da luta contra a dominação política burguesa, quer estimular a união e a coesão dos explorados para que se organizem de forma independente; quer elevar seu nível de consciência, incendiar sua imaginação e inflar a sua confiança, para que acreditem que a transformação da sociedade é possível. É uma oratória pedagógica, porque tem papel educativo.

Uma oratória militante é uma entrega, uma doação. Um discurso militante tem como objetivo apresentar, de forma clara e contundente, tudo aquilo que pulsa na mente de milhares, mas que ainda não encontrou expressão consciente.

Com a oratória, queremos despertar o que há de mais humano em cada um de nós. Aquilo que é quase instintivo, que às vezes não conseguimos expressar em palavras, mas existe dentro de cada coração e mente saudável: a sede por justiça, a aspiração à igualdade social e o apetite pela liberdade. Em todo militante há o desejo de mais liberdade e mais igualdade. Ambas são indivisíveis. Para um lutador popular, a bandeira da igualdade e da liberdade é a causa mais justa, a mais elevada do tempo que nos coube viver. Seu nome é socialismo.

A oratória é uma técnica, somente um recurso, habilidade, destreza, e pode ser pervertida. Portanto, como aprendemos na escola da vida, há uma dimensão moral na oratória. Técnicas têm de ser usadas com responsabilidade. Devem servir a uma causa justa. Não podem ser demagogicamente aproveitadas para defender interesses mesquinhos, pessoais e egoístas.

Portanto, é realmente importante saber sempre a serviço de quais interesses se luta. A vida nos exige honestidade. Quem a perde não merece confiança. Quando alguém se esquece disso, quando a oratória se transforma em um fim em si mesmo para manter posições de poder e cargos de prestígio, a tendência é o embrutecimento. Quem age assim se degenera e se desumaniza.

Não somos instrumentos a serviço da oratória. Somos, cada um de nós – nosso corpo, nossa vontade, nossa voz, nossa mente, nossa emoção –, militantes a serviço de uma causa muito mais grandiosa do que nós. Quando alguém toma a palavra e as luzes estão focadas, quando pega o microfone e os outros ouvem, a responsabilidade é imensa. Com o domínio da oratória vêm as responsabilidades da liderança. São indivisíveis.

É uma forma de poder o domínio da técnica de oratória. Um poder de influenciar os outros, de vencer a luta de ideias. Quando um conhecimento é usado a serviço de uma causa miserável, ele se transforma no contrário do que deveria ser. Deixa de ter uma função emancipadora e passa a ter um papel alienador, opressor.

O maior perigo da oratória é a vaidade. Mais do que em outras tarefas, a oratória permite a exposição pública, o que a torna potencialmente muito perigosa. Expor-se publicamente permite um grau de reconhecimento, aprovação e legitimação que parece intransferível ou até insubstituível, o que alimenta ilusões. Pode incendiar egos, alimentar invejas, rivalidades desnecessárias e conflitos destrutivos. Nós somos todos imperfeitos e a vaidade é uma armadilha poderosa, embora infantil em essência.

A vaidade não deve ser subestimada. Algum grau de autoestima, orgulho próprio e altivez são normais. Mas não a arrogância, a presunção e a soberba. Devem ser contrabalanceadas pela pressão do trabalho de equipe. Militantes socialistas devem ser educados a perceber que os aplausos que recebem não são somente seus. São aplausos para as ideias que defendem, para a organização que representam.

Na luta política e social, na esfera dos sindicatos, dos movimentos sociais e dos partidos, toda militância deve ser um trabalho de equipe com divisão de tarefas. Mesmo que o camarada seja escolhido como porta-voz de um coletivo em determinado momento, isso não o autoriza a concluir que seja o "rei da cocada preta". Quem perde o sentido da humildade é imaturo, sem consciência das proporções, "sem noção". O personalismo, o estrelismo e o individualismo são ridículos. Entre o triste e o sinistro. Militantes devem ser, na dimensão pessoal, discretos sobre si mesmos. Se têm responsabilidades, devem sê-lo ainda mais.

A CREDULIDADE E A PARANOIA

Se a paciência é amarga, os seus resultados são doces.
Sabedoria popular árabe

Confia, mas reserva-te.
Mais vale agradecer com a verdade que ofender com a lisonja.
Sabedoria popular portuguesa

Devemos conversar sobre os excessos de confiança e desconfiança. No limite, suas formas extremas degeneram em adulação e difamação. A luta política pode ser dura. Faz parte. Mas deve ser feita com paciência. Não é um vale-tudo. Há limites que não podem ser transgredidos. Bajulação e calúnia não são aceitáveis. Métodos indignos devem ser proibidos.

Há pessoas com qualidades excepcionais que, pela coragem, inteligência e caráter, merecem honesta admiração e elogio. Mas não há semideuses. Todos somos, de verdade, imperfeitos. Basta saber mais, ou ver mais de perto. A lisonja, mais conhecida como "passar o pano", deve ser banida das fileiras da esquerda. Da mesma forma, as diferenças de opinião e a disputa de posição com as ideias dos outros nunca justificam o desrespeito ou a desqualificação de alguém.

A ligeireza de acreditar com facilidade é uma forma de inocência. Trata-se de uma postura ingênua diante da avalanche de informação manipulada ou até de desinformação e *fake news*. Mais grave quando, por fascínio, envolve a idealização de alguém. Até certo grau, não é uma limitação ou um defeito grave. Ao contrário, estar aberto a confiar nos outros, até provas em contrário, é um traço benigno e simpático de personalidade.

Há até certa elegância autêntica em uma atitude desarmada. São normais entusiasmos espontâneos quando nos impressionamos com camaradas que realizam grandes feitos. Mas a luta política e social ficou tão impiedosa e cruel que o excesso de credulidade é perigoso. Facilita o deslumbramento, que é vulnerável às manobras ardilosas dos inimigos de classe.

Não é possível um ativismo regular sem algum grau de paixão. E o compromisso com a luta dos explorados e oprimidos, assim como a aposta socialista, deve ser maior do que a lealdade pessoal às lideranças. O "culto à personalidade", que atingiu formas grotescas em algumas experiências históricas, foi um traço de primitivismo político.

A desconfiança não é, tampouco, uma deformação de caráter. Uma atitude crítica sobre as informações disponíveis, ou sobre as pessoas, é sinal de maturidade. Mas, em excesso, é uma postura de suspeita permanente e, no limite, uma paranoia. Uma mentalidade paranoica é vulnerável a teorias da conspiração e manias de perseguição. Uma militância consistente não é compatível com o "encantamento" deslumbrado nem com o "delírio" persecutório.

Cultivar reservas críticas é necessário, e até saudável. O desafio é preservar o senso de proporções e a mente aberta para o debate de ideias. A "personalização" dos debates é quase inevitável, mas é bom sempre lembrar que as pessoas são maiores do que as propostas das quais discordamos.

Debates de ideias são úteis, legítimos e produtivos, mesmo quando amargos, por três razões: primeiro porque as pessoas mudam de ideia, ainda que isso exija um tempo, às vezes mais do que seria razoável; segundo porque a força dos argumentos deve ser muito mais importante do que o juízo que fazemos dos outros; por fim, porque a única forma de manter a confiança pessoal entre os camaradas é ser honesto sobre o que pensamos das ideias em discussão.

Mentalidades paranoicas envenenam qualquer debate, porque se apoiam em premissas que foram "reveladas" a alguns e, mesmo sem provas, podem ser "lógicas". Uma hipótese conspiratória pode ter coerência interna e ser completamente falsa. Elas estimulam fantasias delirantes que semeiam a desconfiança de todos contra todos.

A força de uma "teoria de conspiração" habilidosamente formulada é ser convincente sem qualquer esforço de comprovação. Acusações sem provas são calúnias. Algumas campanhas de difamação ficaram registradas em pedra na história da esquerda, e não podem ser esquecidas. Lênin foi vítima de acusações – a partir de março e abril de 1917 e, de forma ainda mais abjeta, depois das Jornadas de Julho – de ser um "agente alemão", infiltrado com a liberação da passagem do "trem blindado", em negociações "secretas" pelo Império do kaiser.

Leon Trótski foi denunciado como espião nazifascista, e os trotskistas como agentes do imperialismo em acordos "secretos", durante décadas. É uma tristeza que tais métodos não tenham sido erradicados pela raiz, como ervas daninhas.

A esquerda tem que aprender a se proteger de si mesma. Nenhuma corrente e nenhuma liderança é infalível, mas todas merecem ser respeitadas. Não praticamos adulação nem toleramos difamação.

ANÁLISE DE CONJUNTURA

> Encobrir o erro é errar outra vez.
> Os erros pagam-se caro.
>
> Sabedoria popular portuguesa
>
> O segredo para se andar sobre as águas é saber onde estão as pedras.
>
> Sabedoria popular chinesa

Nos ambientes militantes me perguntam, às vezes, o que é e como se faz análise de conjuntura. Ora, não existe manual incontroverso. Aprender a pensar é um exercício lógico. Análise de conjuntura é um tipo de investigação interdisciplinar difícil. Parece que é algo parecido com tocar violão. Não é complicado tocar mal. Aprende-se fácil e até com rapidez alguns acordes. Mas dizem os musicistas que é um dos instrumentos mais complicados de se tocar bem. Além da lógica, a análise de conjuntura envolve economia, sociologia, história, política, análise do discurso, direito, psicologia social etc. Mas eu não gosto de desestimular. Então recomendo algumas regras básicas:

1. O tempo é uma medida objetiva. O espaço também. Quais são os limites da análise? Qual é o seu objeto de estudo? Decida com clareza. Não é sério falar aleatoriamente sobre qualquer coisa. Uma análise da última semana é diferente de uma do último mês. Nem se fala do último semestre. Se for além, já não é análise de conjuntura, é análise da situação ou até da etapa. A análise pode ser restrita à realidade de uma cidade, por exemplo. Mas pode ser uma avaliação da situação nacional. Pode considerar o contexto internacional. Por exemplo, eleições presidenciais encerram uma grande batalha. A conjuntura muda, evidentemente. A situação também mudou, ou não? Uma boa análise deve saber pontuar as perguntas certas.
2. É preciso saber conferir as fontes da investigação. Desconfie. A busca da credibilidade exige muito trabalho. Marxismo deve ser boa ciência.

Uma análise marxista deve ter critérios incontroversos. Somos bombardeados por informações falsas o tempo todo. Honestidade intelectual é uma questão de honra. Sua palavra deve valer muito para você mesmo. Isso significa construir uma interpretação dos acontecimentos com o máximo rigor para que não seja contaminada pela incerteza dos dados. É preciso conferir as informações. Mais de uma vez. Lembre-se de que a confiança dos outros na sua palavra não tem preço. É a sua reputação.

3. Uma boa análise não deve ser enviesada pelos valores ideológicos que vêm de contrabando da pressão dos inimigos de classe, do senso comum e dos ambientes em que circulamos. E, não menos perigosa, da pressão de nossas preferências. A interpretação da realidade não é instrumental. Não vale tudo para ganhar o debate de ideias. Análises sérias não podem referendar o nosso desejo. É um erro fatal.

4. Análises sérias exigem um esforço rigoroso de abstração. A cabeça acompanha a pressão do chão que os pés pisam. A experiência pessoal de cada um é valiosa, mas parcial. Sempre é muito limitada. Os ambientes sociais em que circulamos são restritos. Generalizar para a escala de um país, ainda por cima continental, a percepção que temos de uma categoria de trabalhadores, de um movimento social ou de uma cidade é perigosíssimo. Abstrações e generalizações rápidas conduzem inevitavelmente ao erro. Aprenda a não confiar somente na sua intuição. Aceite a dúvida como uma boa companheira.

5. Construir uma análise é separar partes de um todo. Os fatos não falam por si mesmos. Seja minucioso, detalhista, rigoroso. Os acontecimentos têm pesos distintos. É decisivo calibrar o que é importante do que é circunstancial. Senão, o impressionismo desequilibra a interpretação.

6. A análise marxista é um estudo de contradições. Nada é linear. Tudo que nos cerca é contraditório. Tudo que existe é uma união de contrários. A totalidade é maior que a soma das partes. Quantidade se transforma em qualidade. Tudo está em movimento, e a análise é o estudo de tendências, portanto da verificação de dinâmicas. Mas identificar tendências é, ao mesmo tempo, observar as contratendências.

7. A metáfora da engrenagem que separa causas de consequências é útil como esforço lógico temporal, mas há nela uma armadilha. As causas

transformam-se em consequências e vice-versa. Estão embaralhadas. A análise é o trabalho de ourivesaria mental que atribui sentido aos conflitos em seu movimento. Tal método se chama dialética.

8. A análise deve respeitar o método. Para marxistas, existem três dimensões no esforço de abstração para investigar a realidade: a infraestrutura, a estrutura e a superestrutura. Deve-se iniciar a análise pelo estudo da situação econômica e social. Depois se avança para a análise da relação social de forças. As relações políticas de força dependem desse contexto. A pressa em encontrar um atalho e pular etapas na análise é perigosa. Esse esquema teórico é um roteiro pedagógico, mas é um esquema. As três dimensões pressionam-se mútua e ininterruptamente.

9. Uma análise marxista é um estudo dos conflitos de classe. Eles são expressão de interesses contraditórios em luta. Lembre-se de que os discursos políticos são expressões ideológicas. Os porta-vozes dos donos da riqueza e do poder não confessam em público que estão a serviço de interesses privilegiados e minoritários. Apresentam-se como defensores do interesse público. Dissimulam. Blefam. Mentem. A análise de discurso precisa ser crítica.

10. Também é preciso saber que identificar tendências, determinações e forças de pressão de primeiro, segundo e terceiro graus encoraja a construção de prognósticos. Mas é necessário ser prudente. Há limites do que se pode prever, e são muitos. Seja modesto nas previsões. Aceite a possibilidade de estar errado. E quando errar, admita seus erros publicamente.

O OPORTUNISMO

> Não sou rio para não voltar atrás.
> Sabedoria popular portuguesa

No futebol, o objetivo estratégico dos times é ser campeão. A tática está a serviço de golear e evitar, ao máximo, sofrer gols. E existe um limite: o jogo tem noventa minutos, o campeonato tem uma sequência preestabelecida de jogos. Mas podemos admitir que um jogo, em especial, tem importância estratégica. E em relação a ele podemos escolher diferentes táticas. Estratégia e tática são, portanto, conceitos relativos que articulam os fins e os meios.

Os tempos são outros na luta política socialista, mas também são definidos. O objetivo estratégico é transformar a sociedade a serviço dos interesses dos trabalhadores. A tática é chegar ao poder. Quanto antes, melhor, porque temos pressa de mudar a vida. Se possível, enquanto estamos vivos. Um projeto político sério precisa considerar as medidas do tempo. O tempo não deve nos cegar, tampouco pode ser ignorado.

O que não significa chegar ao poder pelo poder. O poder não é um fim em si mesmo, a não ser para maníacos narcisistas. Deve-se ter uma estratégia e um programa. A estratégia é mudar a sociedade com a participação das amplas massas, ultrapassando os limites do capitalismo.

Mas aprendemos com a história do século passado que a transição pós-capitalista não é possível em um só país. Nessa dimensão, a revolução brasileira é um objetivo tático a serviço de uma estratégia maior: o socialismo. Só em circunstâncias muito excepcionais, em situações revolucionárias, é possível lutar pelo poder. Situações revolucionárias são raras, porque são um momento de máxima tensão. E nenhuma classe social suporta por muito tempo a exacerbação social que antecede a luta direta pelo poder.

Em situações defensivas, a tática consiste em evitar ao máximo que os inimigos que estão no poder consigam se perpetuar nele e governar. A tática serve ao acúmulo de forças para poder disputar o poder.

Relação social de forças é um conceito-chave para uma ação política responsável. É uma forma de estabelecer parâmetros para medir quem está avançando e quem está recuando na luta de classes. Há polêmicas sobre quais devem ser seus critérios. No futebol, pode-se valorizar mais a posse de bola, o número de chutes a gol, a vantagem na conquista de escanteios ou a desvantagem no número de cartões amarelos, entre outros fatores, como a qualidade da condição física dos dois times.

Os critérios na luta de classes são objetivos e subjetivos. Exigem uma análise desapaixonada. Critérios objetivos são, por exemplo, o peso social dos trabalhadores sobre as outras classes, a força de suas organizações, o número de greves e protestos, o tamanho das passeatas e por aí vai. Critérios subjetivos remetem à investigação do estado de ânimo, da disposição de luta ou do grau de confiança das classes exploradas e oprimidas em si mesmas.

Isto posto, primeiro se definem os limites da análise: o tempo é uma medida objetiva. Uma análise da última semana é diferente de uma do último mês. Nem se fala do último semestre. Se for além, já não é análise de conjuntura. É análise da situação ou até da etapa. Também é preciso saber que identificar tendências ou forças de pressão de primeiro, segundo e terceiro graus, só é possível dentro de limites estreitos.

A construção de prognósticos é indispensável. Mas é necessário ser prudente. Há limites do que se pode prever, e são muitos. São enormes. A onipotência é uma fantasia juvenil. A ideia de que "tudo pode acontecer e mudar tudo, inclusive nada" é outra ilusão.

É também preciso saber conferir as fontes da investigação. A busca da credibilidade exige muito trabalho. Uma análise marxista deve ter critérios incontroversos. Isso exige o máximo de rigor para construir uma interpretação dos acontecimentos, para evitar a contaminação de valores ideológicos que vêm de contrabando pela pressão dos inimigos de classe, do senso comum e dos ambientes em que circulamos. E, não menos perigosas, pela pressão de nossas preferências. O desejo cega a mente.

Em segundo lugar, construir uma análise é separar partes de um todo. Os fatos não falam por si mesmos. Os acontecimentos têm pesos distintos. Para marxistas, a compreensão da realidade nos obriga a investigar em três níveis distintos de abstração: a infraestrutura, a estrutura e a superestrutura. Estudamos a situação econômica, depois verificamos as respectivas posições das classes em luta e, finalmente, concluímos com a pesquisa do comportamento de variadas organizações que representam as classes. E as classes não são somente capital e trabalho. Também existe a classe média, o semiproletariado, os camponeses, os lumpens. E as frações de classe, como a burocracia estatal, os militares e policiais, os artistas, os religiosos, os intelectuais etc.

Uma análise de conjuntura deve articular os três níveis de análise. Este esquema teórico é, evidentemente, um roteiro pedagógico. Ou seja, é um esquema. As três dimensões pressionam-se mútua e ininterruptamente. A metáfora da engrenagem que separa causas de consequências é útil como um esforço lógico temporal, mas há nela uma armadilha. As causas transformam-se em consequências e vice-versa. Uma dialética infernal.

Como bom critério, deve-se iniciar a análise pelo estudo da situação econômica e social. Mas a economia é um fator de pressão, parcialmente neutralizado por outros. Depois se avança para a análise da relação social de forças. As relações políticas de força entre as organizações e as lideranças dependem desse contexto. A pressa em pular etapas na análise e encontrar um atalho é perigosa.

O impressionismo, ou seja, a vulnerabilidade diante do que aconteceu "ontem", é mau conselheiro. Não há conhecimento sem algum grau de intuição, mas engana-se quem se deixa seduzir pelo excesso de confiança. Pior ainda é o erro de substituir a análise da situação concreta pelo método da "cartografia". Não se deve concluir o que fazer considerando qual é o espaço político que se pretende ocupar.

O nome disso é oportunismo.

ARTE E MÉTODO

> Num dia quente de setembro, poucos meses depois da prisão de seus camaradas Sacco e Vanzetti, um anarquista italiano vingativo chamado Mario Buda estacionou sua carreta puxada por um cavalo próximo da esquina entre Wall Street e Broad Street, em frente da companhia J. P. Morgan. […] Umas poucas quadras mais adiante, um carteiro assustado encontrou panfletos que avisavam: "Liberdade para os prisioneiros políticos ou morrerão todos!", assinados pela American Anarchist Fighters [Lutadores anarquistas dos Estados Unidos]. Os sinos da Trinity Church começaram a soar ao meio-dia e, quando pararam, a carreta carregada de dinamite e pedaços de metal explodiu, convertendo-se em uma bola de fogo cheia de metralha. […]
>
> Buda não gostou de saber que J. P. Morgan não se encontrava entre os quarenta mortos e mais de duzentos feridos […] estava longe na Escócia em seu pavilhão de caça.
>
> Mike Davis, "Las fuerzas aéreas de los pobres"

A análise marxista remete a método. O método deve ter rigor científico. Mas não é possível uma política revolucionária sem "arte". Arte porque se trata de aferir a quente a evolução da consciência média das massas populares.

O tempo nunca é uma variável indiferente na luta de classes. Depende do contexto da relação de forças. O momento da conjuntura, durante a pandemia, protegeu o governo. Parece paradoxal, porque Bolsonaro pegou o vírus. Mas não é. A impossibilidade da esquerda de se apoiar nas mobilizações de rua permitiu que o governo ganhasse tempo. E nada é mais importante do que abrir esse caminho.

A repercussão da infecção de Bolsonaro foi imensa na esquerda brasileira. Uma profunda corrente de indignação, rancor e aversão vem se acumulando contra o fascista, o que é positivo, mas deixa de sê-lo quando se passa a desejar sua morte. Mas, sejamos lúcidos, é minoritária. A ilusão de que sua morte física seria um atalho na luta contra o bolsonarismo é perigosa. Na verdade, seria mais uma dificuldade, uma complicação, um estorvo.

Um hipotético óbito de Bolsonaro não diminuiria sua autoridade. Ao contrário, ela aumentaria. A morte de Bolsonaro faria dele uma vítima do destino, favorecendo as idealizações de um mandato interrompido, o que fortaleceria os neofascistas. Só uma derrota política por meio do deslocamento de seu governo pode enfraquecer o bolsonarismo.

A questão do tempo necessário para que as classes populares resolvam seus impasses subjetivos é um paradoxo interessante, mas perturbador. Em um sentido, o tempo corre a favor das classes trabalhadoras na longa duração. Porque as crises recorrentes demonstram, grosso modo, a impossibilidade do capitalismo de resolver os impasses da civilização. Enquanto o sujeito social existe e luta, apesar de todas as derrotas políticas e históricas, a última palavra ainda está por ser dada. Nesse sentido, os combates objetivamente decisivos são os que estão à frente, e não os que ficaram para trás. Mas não vivemos no tempo das longas durações. Vivemos nos prazos curtos do tirânico presente imediato.

Por que o lugar do tempo é especialmente contraditório na atual conjuntura? Porque, se é verdade que a tendência mais geral da evolução da situação política após a pandemia foi o enfraquecimento do governo, parece incontroverso que, nas condições de catástrofe sanitária, com centenas de milhares de mortos, a esquerda permaneça sem a capacidade de colocar milhões nas ruas.

Técnicos de futebol não preparam seus times em função da opinião da torcida. Analisar a conjuntura exige um método. Em primeiro lugar se deve definir o foco: a última semana, o último mês, os últimos três meses. Analisar é estudar. A metodologia de uma análise é separar as partes do todo para a investigação. Separar significa dividir, apartar, destacar e pesquisar informação sobre as distintas contradições da realidade que nos cerca. Tudo é contraditório. Só ao final se faz a síntese, uma reconstituição em maior grau de complexidade. Só a síntese permite a consideração das hipóteses de evolução, das tendências em conflito.

O método é que deve nos proteger. Boas análises são construções coletivas. São elaboradas sempre por meio de diálogos e polêmicas com outras ideias, portanto em discórdia. Como a realidade está em movimento, as análises também devem ser atualizadas ou corrigidas. O futuro ilumina mais o passado do que o contrário, o que é uma dificuldade. Nunca se deve tolerar a personalização de divergências. Isso é próprio de fanáticos. Dissensões reduzem a margem de erros. Consensos rápidos são perigosos. Uma boa análise marxista é um guia para a ação. Mas nunca temos certezas. Nunca podemos esquecer que não há ação sem risco. Em resumo, algumas rápidas observações:

A análise deve ser feita sempre em diferentes graus de abstração. A relação social de forças entre as classes é mais estável, duradoura e constante que as relações políticas de forças entre governo e oposição, ou que a luta entre partidos. Não há plena coincidência entre as duas. A relação social de forças indica a situação, enquanto a relação política de forças aponta a conjuntura. A primeira decorre do desenlace de lutas anteriores. Toda análise do presente que não compreenda a dinâmica de onde viemos e para onde vamos é somente uma fotografia incompleta.

As condições de vida na luta pela sobrevivência expressam uma determinada relação social de forças. Mas há uma dialética entre estrutura e superestrutura, porque os ataques podem ou não produzir reações.

Examinar a relação política de forças é uma análise da superestrutura. O principal critério é a disposição de luta. Trata-se de um elemento subjetivo que nos remete às variações de humor ou estado de ânimo, portanto, à psicologia social.

A força vem de quem tem poder. Ele vem, em primeiro lugar, de uma posição de poder. Portanto, do controle de algum cargo no Estado.

Qualquer organização é uma fonte de poder, ou seja, os partidos de oposição também têm poder. Ele decorre do grau de influência na sociedade. Resultados eleitorais informam muito sobre a relação de forças, mas são parciais. Uma semana a mais ou a menos, assim como a prorrogação em um jogo de futebol, podem ser decisivas em uma eleição.

Tudo está em movimento, e as posições de poder em permanente transformação. A relação de forças tem como objetivo identificar quem está na ofensiva e quem está na defensiva. O critério são as ações, não os discursos. A luta de classes assume muitas formas. Umas mais visíveis e outras menos, mas ela está sempre presente.

Quem ganha posições se fortalece na luta. Mas há uma dialética entre vitórias e derrotas, porque há vitórias de Pirro. São aquelas cujos custos não compensam.

Pesquisas de opinião são uma variável útil, porém distorcida da relação de forças. Todos são iguais. Mas na vida não o são. A parcela politicamente ativa da sociedade é uma parte dela. Uma das peculiaridades do Brasil é que um terço da sociedade é semiletrada. Há um abismo entre a parcela instruída e as massas. Essa é uma das dificuldades estruturais da esquerda. O petismo se transformou em lulismo quando chegou às amplas massas, mas só depois de controlar o poder.

Há também o teatro das ilusões. O jogo dos espelhos em que os gordos parecem magros e os baixinhos parecem gigantes.

A força da classe dominante vem do peso nas instituições, nos meios de comunicação, do dinheiro e da riqueza. Mas também da força de inércia das ideologias que envenenam a mentalidade das massas.

A força da esquerda repousa, sobretudo, na capacidade de se apoiar nas mobilizações de massa.

O ULTRAESQUERDISMO

> O anarquismo foi, muitas vezes, uma espécie de expiação dos pecados oportunistas do movimento operário.
>
> Lênin, *Esquerdismo, doença infantil do comunismo*

Ser radical contra a tirania, afoito, impetuoso e ousado contra a injustiça e estar politicamente enfurecido contra o governo são qualidades. São atitudes que merecem admiração. Há muitas e boas razões para ter pressa, estar zangado e desejar uma saída anticapitalista para a crise nos dias de hoje. Mas não é preciso ser intratável e sectário para abraçar uma estratégia revolucionária.

Ultraesquerdistas recorrem ao jargão reformista para quem não concorda com suas teses. Não é um bom critério. Há diferentes tendências no campo da defesa da revolução. Estamos muito fragmentados, por variadas razões. Mas é desagregador, até irritante, supor ou calcular que somente uma organização é revolucionária. A autoproclamação é uma forma de ostentação, soberba e arrogância.

Ainda que os autores ultraesquerdistas possam ter referências teóricas diferentes, os argumentos esgrimidos são os mesmos. A influência política nas massas trabalhadoras de correntes ultraesquerdistas, anarquistas ou marxistas, é muito reduzida no Brasil. Aquelas que apresentam candidatos nas eleições são invisíveis. Nos grandes sindicatos, mesmo nas organizações mais importantes dos setores organizados da classe trabalhadora, são pouco influentes. No debate teórico-programático da esquerda, são periféricos.

Mas isso não deve diminuir o respeito. Muitos são ativistas sinceros, honestos e abnegados. Têm alguma audiência em círculos de vanguarda da juventude estudantil mais combativa e nas bolhas das redes sociais. Também exercem influência indireta em círculos anticapitalistas, especialmente os mais antipetistas. Suas ideias, portanto, merecem ser consideradas.

Apresentam, em resumo, cinco grandes argumentos: (1) denunciam que Lula e o PT são reformistas incorrigíveis e não merecem confiança; (2) criticam que defender a frente única de esquerda é "passar pano" para o PT e o eleitoralismo; (3) acusam que a unidade na ação com dissidentes da oposição liberal é uma capitulação; (4) alertam que a defesa de um governo de esquerda com um programa anticapitalista seria "vender ilusões"; (5) e defendem que a única saída para a crise é a greve geral.

Nos cinco argumentos há um grão de verdade, mas não mais do que um grão, porque é preciso considerar as mediações. Em primeiro lugar: sim, o Brasil precisa de uma revolução, e o projeto de Lula é reformista. No entanto, isso não impediu a burguesia brasileira de derrubar o governo do PT em 2016 e apoiar a prisão de Lula em 2018. Alguém tem dúvida de que Lula ainda é, mesmo após treze anos de governos liderados pelo PT, a maior liderança popular do país? Não tem importância o que pensa a imensa maioria da classe? A superação das ilusões populares em mudanças reformistas, e nos líderes que as reconhecem, não é possível sem uma experiência na luta de classes. É inútil denunciar os reformistas como reformistas para massas com expectativas reformistas.

Segundo, é verdade que devemos criticar a estratégia quietista de Lula de esperar o desgaste de Bolsonaro até 2022. Mas quem está no poder é um governo de extrema-direita. Não é possível derrotar Bolsonaro sem a mobilização dos setores mais avançados dos trabalhadores e da juventude que mantêm confiança no PT. Essa não deve ser a nossa tarefa central? Por isso, a tática da Frente Única Operária, ou em forma de popularização Frente de Esquerda, por meio da mobilização impulsionada pelos principais movimentos e sindicatos é a mais efetiva. Defendê-la não é "passar pano" ou ser complacente, indulgente e condescendente com ninguém. É ter um mínimo senso de proporções e responsabilidade para tentar abrir um caminho antes das eleições de 2022.

Terceiro, defender a unidade na ação com a oposição liberal não é uma capitulação aos inimigos de classe. Diante de um governo tão perigoso como o de Bolsonaro, explorar brechas, fissuras e divisões entre diferentes frações burguesas é uma tática complementar à Frente Única de Esquerda. É positivo se a Comissão Parlamentar de Inquérito (CPI) no Senado, os juízes dos Tribunais superiores e as redes comerciais de mídia se posicionarem contra Bolsonaro. Mas não renunciamos à disputa da liderança da oposição nem aceitamos esperar até 2022.

Quarto, é verdade que, eventual e hipoteticamente, quando Bolsonaro for derrotado e Lula for eleito, um governo liderado pelo PT não assumirá um programa anticapitalista. Disso nós sabemos. Falar somente para nós mesmos não adianta nada. O lugar dos revolucionários não deve ser na primeira linha da luta para derrubar Bolsonaro? Há algum futuro para as forças revolucionárias, se forem percebidas pelas massas como um obstáculo no caminho da maioria da esquerda e de Lula após os últimos cinco anos? A defesa de um governo de esquerda que rompa com a burguesia não é um apoio aos reformistas, é uma exigência. A luta por um programa de mudanças estruturais, e a exigência de que os reformistas assumam a defesa de medidas radicais, é a única via que permite conquistar influência para as ideias revolucionárias.

Quinto, também é verdade que a greve geral seria a forma de luta mais poderosa para encurralar o governo Bolsonaro, deslocá-lo, impedir a posse de Mourão e antecipar eleições. Mas, infelizmente, as condições não estavam maduras. Até o "mundo mineral" sabe que fracassaria se fosse convocada, porque não teria a adesão da maioria da classe. A rigor, nos dias de hoje, nem de uma minoria. Infelizmente não há uma só categoria neste momento em condições de realizar um dia de greve geral. E uma ação precipitada teria consequências desmoralizadoras. Ao tentar avançar mais rápido do que a classe está disposta, facilita-se o contra-ataque reacionário e a repressão. É ingênuo idealizar uma permanente disposição de luta revolucionária entre as camadas populares.

Em resumo, quatro anos após a eleição de Bolsonaro, o ultraesquerdismo ainda não se resignou com o significado das derrotas acumuladas desde 2015 e 2016: a abertura de uma situação reacionária, na qual devem prevalecer as táticas defensivas. Não se preocupam em avaliar a relação social e política de forças. Desprezam o que pensam as massas populares e idealizam uma disposição de luta imaginária.

Depois de seis anos de perdas de direitos, prevalece nos grupos "ultras" uma interpretação fantasiosa que desconsidera o peso na consciência dos trabalhadores em relação a tudo que aconteceu. Não fosse bastante a reforma trabalhista e previdenciária, entre tantas derrotas, um cataclismo sanitário, econômico-social, político e cultural tem sido devastador.

Desvalorizam o perigo que significa um neofascista com tentações golpistas à frente de um governo de extrema-direita. Mais grave: as tendências "ultras" ignoram que Lula mantém autoridade, e que o principal partido de esquerda no país permanece sendo o PT. Sem as massas influenciadas pelo PT e Lula, evidentemente, é impossível derrotar Bolsonaro. E nada é mais importante.

SOBRE O AUTOR

Valerio Arcary é professor titular aposentado do Instituto Federal de Educação, Ciência e Tecnologia de São Paulo (IFSP), doutor em história pela Universidade de São Paulo (USP) e autor de *O martelo da história* (Sundermann, 2016), entre outros livros. Membro da direção nacional do Psol, é aquarista, motociclista, trotskista e, irremediavelmente, ateu.

Foto de protesto Fora Bolsonaro em Campinas em 29 de maio de 2021
(Parzeus/Wikimedia Commons).

Publicado em junho de 2022, ano de acirrada disputa eleitoral e decisivo para a reconstrução do Brasil, este livro foi composto em Adobe Garamond Pro, corpo 11/15,4, e impresso em papel Polén Soft 80 g/m² pela gráfica Rettec para a Boitempo, com tiragem de 3 mil exemplares.